北大版对外汉语教材·短期培训系列

速成汉语基础教程

Speed-up Chinese

主编 杨惠元
编著 杨惠元 陈 军 毛 悦 余文青

◆ 听力练习
◆ 综合测试卷

·听力课本·
Listening Book

2

北京大学出版社
PEKING UNIVERSITY PRESS

图书在版编目(CIP)数据

速成汉语基础教程. 听力课本.2/杨惠元主编. —北京：北京大学出版社，2011.10
（北大版对外汉语教材·短期培训系列）

ISBN 978-7-301-19553-6

Ⅰ. 速… Ⅱ. 杨… Ⅲ. 汉语—听说教学—对外汉语教学—教材 Ⅳ. H195.4

中国版本图书馆 CIP 数据核字（2011）第 194456 号

书　　　名：速成汉语基础教程·听力课本　2

著作责任者：杨惠元　主编

责 任 编 辑：孙　娴

标 准 书 号：ISBN　978-7-301-19553-6/H·2950

出 版 发 行：北京大学出版社

地　　　址：北京市海淀区成府路 205 号　100871

网　　　址：http://www.pup.cn

电 子 信 箱：zpup@pup.pku.edu.cn

电　　　话：邮购部 62752015　发行部 62750672　编辑部 62754144
出版部 62754962

印　刷　者：北京大学印刷厂

经　销　者：新华书店

787 毫米 × 1092 毫米　16 开本　16.75 印张　399 千字
2011 年 10 月第 1 版　2011 年 10 月第 1 次印刷

印　　　数：0001—3000 册

定　　　价：50.00 元（全 2 册，含 MP3 盘 1 张）

前　言

《速成汉语基础教程·听力课本》是《速成汉语基础教程·综合课本》的配套教材，亦可单独使用。其教学对象为零起点的或略有汉语基础的初级水平的短期学生。全书共4册，每册10课，总共40课。

作为一套专项技能训练的教材，本书旨在训练和提高学生的聆听理解能力。我们在编写时吸收了汉语速成教学和听力训练方面的前沿理论研究成果，并且将这些成果作为指导思想贯彻到了教材编写的每一个环节中。

按照最新的教材编写理念，科学的教材应该是一套“精心编写的练习集”,“练习是教材的主体”。因为是配套教材，本书只出少量生词，基本不冒新的语法点，所以，不需要教师过多地讲解，教师的主要职责是指导学生练习。“练习成为教材的主体”是本教材最大的特色。

第二语言教学的根本目的是提高学生使用目的语在一定范围内进行交际的能力。为此，学生必须完成“从语言知识到语言技能”和“从语言技能到语言交际技能”的两次转化。这里的关键是建立目的语的思维系统。为了训练学生的思维能力，开发他们的语言潜能，本教材的课文都采用更具挑战力的“未完成式”，使学生从被动地接受转变到主动地实践、主动地交际，真正成为学习的主人。

同时，我们认为，只有实行“强化+科学化”的训练，才能提高训练的效果，达到速成教学的目标。所谓“强化”，就是进行大运动量的训练：一是在单位时间里给学生输入大量的语言信息，二是在单位时间里提高语言信息“输入输出”的次数。所谓“科学化”，就是训练要在先进教学法理论指导下进行，要“强化”得恰到好处，讲究训练的效果。

教师使用本教材时，最好先熟悉主干教材《速成汉语基础教程·综合课本》的内容，要了解学生的“已知”，了解这一课是配合综合课的哪一课或哪几课。在教学中，如果能够先安排一个回忆、复习综合课的环节，训练效果会更为理想。

本教材由两个部分组成：

一、听力练习

这是学生在听力课上做练习使用的。第一册的前 5 课为集中语音阶段，配合综合课的第一册。基本上是一课配两课。从第一册第 6 课开始，每课都设计了听前练习、听时练习、听后练习和泛听练习四个部分。听前练习为听时练习扫除障碍，是热身的环节。听时练习是整个训练的核心。教师要让学生带着问题听课文，听时有注意的方向，学会听的方法。听后练习是复习巩固的环节，帮助学生加深理解和记忆。泛听练习可在课上完成，也可在课下完成。为避免学生提前预习或看着课文听录音，这部分的课文均采用未完成式，每一课都设计了填空练习，学生做完了填空练习，就有了完整的课文，便于他们课后复习。为了有效地训练学生辨别语音声调和帮助学生熟悉聆听理解考试的题型和解题方法，第一册后附有大量“基础语音练习材料”。另，每册后边都附有“聆听理解综合测试试卷”。

二、学习指导

这一部分包括学生聆听的语料——课本和练习的录音文本、练习题及答案，也为教师上课提供参考，每一课都有学习目的和学习内容的提示，帮助教师和学生明确训练的目的和重点，便于学生主动地学习和复习。

尽管我们做了比较大的努力，但由于水平有限，可能还有很多不尽如人意的地方。希望老师们在使用的时候能够“扬长补短”，根据教学的实际情况灵活地处理它、完善它。

杨惠元

Foreword

Speed-up Chinese: Listening Books are supplementary textbooks of *Speed-up Chinese: An Integrated Book.* They also can be used independently. They are designed for the beginners in short-term study programs. They are in four volumes, with each volume containing 10 lessons.

As a set of textbooks for special training, this set of textbooks aims to train and improve students' abilities of listening and comprehending. We adopt the latest theories of accelerative Chinese teaching and listening training methods as the guideline in the process of compiling this set of textbooks.

The most significant feature of this set of books is that it is exercise-based. According to the latest textbook compiling principles, an effective textbook should be a carefully compiled series of exercises, namely "the exercises should be the main parts of the textbook". As a supplementary textbook, *Speed-up Chinese: Listening Book* does not introduce any new grammar, although there are some new words in it. Using this textbook in the class, the teacher should take his main responsibility to guide the students to do exercises instead of giving lectures too much.

The essential aim of second language teaching is to improve students' communicating ability in the target language to some extent. To achieve this goal, student should not only learn language knowledge, but train language skills, and also participate in communication as well. In this process, the most important thing is to build a thinking system based on the target language. In order to train students' thinking ability and develop their potentialities in language, we use the challenging unfinished materials in these textbooks, which can help the students to take part in communicating practices actively, instead of receiving knowledge passively.

We believe that only by taking the principle of "reinforcement and scientification" in the practice can we enhance the effect of drills and achieve the objectives of accelerative teaching. "Reinforcement" means that in a unit of time we must input massive language information to the students as much as possible through a large amount of drills. "Scientification" implies that the drills must be guided by the methodology of teaching so that the principle of"reinforcement" can be appropriately carried out.

Before using these textbooks in the class, the teacher had better have a thorough knowledge of what the content of the main textbook *Speed-up Chinese: An Integrated Book* is, what the students have known and what the corresponding relationship between the lessons of the comprehensive textbook and that of the listening textbook. An activity of recalling and reviewing the corresponding comprehensive lessons before the listening lessons will lead to a better effect.

This set of textbooks is consisted of two parts:

Part I: Listening Exercises

Listening Exercises are for classroom activities. The first 5 lessons of the volume 1 are the exercises for pronunciation designed for the volume 1 of the comprehensive textbook, generally one lesson of listening textbook for two of comprehensive textbooks. All the other lessons consist of four modules, namely pre-listening exercises, listening exercises, after-listening exercises and extensive listening exercises. Pre-listening exercises are warm-up activities. Listening exercises are the core drills in which listening strategies and methods will be taught. After-listening exercises are designed for reviewing and reinforcing. Extensive listening exercises can be arranged as assignments after class. The texts in the extensive listening exercises are with blanks.

In addition, a large amount of *Materials for Basic Pronunciation Practice* are provided in the appendix of volume 1 and the *Evaluation Paper* is attached to every volume. These materials can help the students to distinguish pronunciation and tones and to be familiar with the listening comprehension tests.

Part II: Learning Guide

Tape scripts for listening exercises, as well as the answers are concluded in this part for the students. This part also provides references for the teachers. Every lesson explains teaching objectives and contents, so that the teachers and students can clearly know the purpose and emphases of drills, then learn and review on their own initiative.

No textbook is perfect. These textbooks should be used in a flexible way so that their advantages can be developed and the disadvantages can be made up for.

Yang Huiyuan

CONTENTS

目录

第一课

那个公园远不远？

New Words 生词

1. 咖啡	(名)	kāfēi	coffee
2. 陪	(动)	péi	to accompany
3. 黄	(形)	huáng	yellow
4. 蓝	(形)	lán	blue
5. 颜色	(名)	yánsè	colour
6. 紫	(形)	zǐ	purple, violet
7. 一块儿	(副)	yíkuàir	together
8. 这会儿	(名)	zhèhuìr	now, at the moment
9. 有的是		yǒudeshì	to have plenty of
10. 绿	(形)	lǜ	green
11. 叶子	(名)	yèzi	leaf, leaves
12. 一会儿	(名、副)	yíhuìr	a little while, in a while, soon
13. 满	(形)	mǎn	full, packed
14. 大声		dà shēng	loudly
15. 生气		shēng qì	to be angry
16. 胡说	(动)	húshuō	to drivel, to talk nonsense

一　听前练习　Before Listening

（一）语音练习　Phonetic practice

1. 听写音节　Syllable dictation

（1）{　　　　　　　　（2）{

（3）{　　　　　　　　（4）{

（5）{　　　　　　　　（6）{

（7）{　　　　　　　　（8）{

2. 朗读听写的音节

Read aloud the syllable in the dictation

3. 辨别（请你在练习本上画出听到的音节）

Distinguish (Underline the syllables you hear in the book)

（二）词语练习　Word practice

听句子挑出生词

Listen and choose the new words in the sentences

（三）句子练习 Sentence practice

听句子判别正误

Listen to the sentences and decide if the explanations are right or wrong

（1） （2） （3） （4） （5） （6）

二 听时练习 While Listening

课文（一）

1. 听后口头回答问题 Listen and then answer the questions orally

2. 填空 Fill in the blanks

情景：艾米来到丁兰的宿舍。

丁兰：谁呀？

艾米：我，__________。

丁兰：（开门）是你呀？里边坐，坐这儿。

艾米：__________。

丁兰：我这儿有茶、咖啡、可口可乐，你喝点儿什么？

艾米：喝__________吧，什么__________？

丁兰：乌龙茶。你今天怎么有空儿到我这儿来？

艾米：__________了。

丁兰：想我？是想跟我练习说汉语吧？

艾米：今天__________。

课文（二）

1. 听后口头回答问题 Listen and then answer the questions orally

2. 填空 Fill in the blanks

情景：艾米想请丁兰陪她去公园看花儿。

艾米：听说你和大内昨天去公园了，是吗？

丁兰：是啊，我们去______________了。

艾米：好看吗？

丁兰：______________极了。你也想去吗？

艾米：那个公园远不远？

丁兰：______________，就在郊区，离方云天家很近。

艾米：是吗？那儿的环境很好。

丁兰：你去过方云天家？

艾米：没有，听方云天说过，他家前边有条______________，后边有座______________；左边是果园，右边是菜地。有山有水，还有______________。

课文（三）

1. 听后口头回答问题 Listen and then answer the questions orally

2. 选颜色：下面哪种颜色的花儿课文里没有？
Pick out the colour of flower that is not mentioned in the text

红

黄

蓝

白

黑

紫

2. 填空 Fill in the blanks

情景：艾米和丁兰来到公园。

丁兰：艾米，快来，你看这儿。

艾米：这儿的花儿真漂亮，__________的、黄的、蓝的、__________的，那是什么颜色？

丁兰：紫的。在这儿照张相吧，来，我给你照。

艾米：咱们__________照吧，请那位小姐帮帮忙。

丁兰：行。（对一位游人）小姐，请帮帮忙，好吗？

小姐：好。笑一笑，一、二，好了。

丁兰：__________。

小姐：不客气。

艾米：请等一下儿。你在__________，我在__________，再照一张。

丁兰：这会儿照相的人多了，别照了。那边的花儿更好看，咱们去____________照吧。

课文（四）

1. 听后口头回答问题　Listen and then answer the questions orally
2. 填空　Fill in the blanks

情景：艾米和丁兰继续在公园玩儿。

艾米：丁兰，你看，那边照相的是一家人吧？

丁兰：我想____________。

艾米：一、二、三、四……，一共____________口人。

丁兰：这是一个幸福的____________家庭。

艾米：坐在中间的老奶奶有____________多岁了吧？

丁兰：有____________多了。可是她的身体很好。

艾米：你看，那边儿那些年轻人在做什么？

丁兰：他们在那儿练习说____________。在那个地方只能说____________，不能说____________。你想不想跟他们谈谈？

艾米：不想。我只想说汉语，不想说英语。

课文（五）

1. 听后口头回答问题　Listen and then answer the questions orally
2. 填空　Fill in the blanks

情景：艾米和丁兰在公园遇见方龙。

丁兰：艾米，你看，____________也来了。

艾米：真的。方老师，听说您最近身体不太舒服，是吗？

方龙：就是有点儿咳嗽。

艾米：现在好了吗？

方龙：这几天一边吃药一边____________，好多了。你们什么时候来的？

丁兰：刚来。方老师，这位是——？

方龙：我来介绍一下。这是我母亲。（对母亲介绍）她们是我们学校的学生。

艾米：方老师，我们叫她方奶奶行吗？

方龙：____________。

艾米：方奶奶，您好！

奶奶：你们好！

丁兰：方老师，我们一起照张相吧。

方龙：好。

艾米：奶奶和方老师坐在____________。

三 听后练习 After Listening

（一）选择正确答案 Choose the correct answers

1. A　　B　　C

2. A　　　B　　　C

3. A　　　B　　　C

4. A　　　B　　　C

（二）快速口头回答问题

Answer the questions quickly and orally

四　泛听练习　Extensive Listening

（一）明天去北海公园

听后选择正确答案　Listen and choose the correct answer

（1）A　　　B

（2）A　　　B

（3）A　　　B

（二）公园里有很多花儿

听后连线：她们各喜欢什么？

Listen and match：What do they like each？

红红	绿叶子
华华	红花儿
兰兰	黄花儿

(三) 我有你这样的儿子吗？

听后判别正误 Listen and decide if the statements are true or false

（1） （2） （3） （4） （5）

(四) 你爸爸叫什么名字？

听后连线：孩子说家里的人各自称呼“他”什么？

Listen and match：How do other members of the family call the “he” each according to the child’s words?

奶奶	爸爸
妈妈	孩子
我	爱人

第二课

你们什么时候有时间？

New Words 生词

1. 画家	(名)	huàjiā	artist, painter
2. 怕	(动)	pà	to be afraid
3. 堵车		dǔ chē	traffic jam
4. 有名	(形)	yǒumíng	famous
5. 经验	(名)	jīngyàn	experience
6. 荣幸	(形)	róngxìng	honoured
7. 地铁	(名)	dìtiě	subway, tube
8. 展览	(动、名)	zhǎnlǎn	to exhibit; exhibition
9. 停	(动)	tíng	to stop
10. 准	(形)	zhǔn	accurate
11. 火车	(名)	huǒchē	train
12. 头班车	(名)	tóubānchē	the first bus of the day
13. 发车		fā chē	to start a bus
14. 加油		jiā yóu	to make an extra effort, to cheer
15. 奇怪	(形)	qíguài	strange, surprising
16. 烤鸭	(名)	kǎoyā	roast duck

一 听前练习 Before Listening

（一）语音练习 Phonetic practice

1. 听写音节 Syllable dictation

（1）{ （2）{

（3）{ （4）{

（5）{ （6）{

（7）{ （8）{

2. 朗读听写的音节
Read aloud the syllable in the dictation

3. 辨别（请你在练习本上画出听到的音节）
Distinguish (Underline the syllables you hear in the book)

（二）词语练习 Word practice

1. 听句子挑出生词
Listen and choose the new words in the sentences

2. 辨别非同类词语（请你把各组词语中不是同类的词语挑出来）

Identify and choose the word in each group that does not belong to

(1)　　(2)　　(3)

(4)　　(5)　　(6)

(7)

(三)句子练习　Sentence practice

听句子判别正误

Listen and decide if the explanations are right or wrong

(1)　(2)　(3)　(4)　(5)　(6)

二 听时练习　While Listening

课文(一)

1. 听后口头回答问题　Listen and then answer the questions orally

2. 填空　Fill in the blanks

情景：方云明给贝拉打电话，给她介绍一位教中国画儿的老师。

方云明：喂，北京语言大学 14 楼 ________ 号房间吗？

贝　拉：是，你找谁呀？

方云明：贝拉在吗？

贝　拉：我就是。你哪位？

方云明：我是方云明，听说你想学习 ________ 画儿。我有一个朋友是画家，他可以教你。

贝　拉：太好了，我什么时候可以见他?

方云明：明天晚上＿＿＿＿＿＿点，在我家，好吗?

贝　拉：我＿＿＿＿＿＿准时到。

方云明：明天见!

贝　拉：明天见!

课文(二)

1. 听后口头回答问题　Listen and then answer the questions orally

2. 填空　Fill in the blanks

情景：第二天晚上，画家杨文中先来到方云明家。在等贝拉的时候，杨文中跟小虎谈话。

小　虎：杨叔叔，你画的＿＿＿＿＿＿真好看，给我画一张行吗?

杨文中：没问题。你什么时候过生日？到时候我一定送你一张。

小　虎：我的生日是＿＿＿＿＿＿。

杨文中：你现在还去幼儿园吗?

小　虎：去，再去＿＿＿＿＿＿就上小学了。

杨文中：你每天几点去幼儿园?

小　虎：＿＿＿＿＿＿，爸爸送我去。

杨文中：晚上有人接你吗?

小　虎：＿＿＿＿＿＿爸爸接我回家。

杨文中：你妈妈呢?

小　虎：她每天＿＿＿＿＿＿点半去上班，＿＿＿＿＿＿点多才回来，没有时间接我。

课文（三）

1. 听后选择正确答案　Listen and choose the correct answer

（1）A　　B　　C

（2）A　　B　　C

2. 填空　Fill in the blanks

情景：七点钟，贝拉准时来到方云明家，她跟画家见面。

方云明：贝拉，你来得真准时。

贝　拉：我刚要出来的时候，接到一个朋友的电话。我怕耽误你们的时间，________来的。

方云明：路上堵车吧？

贝　拉：可不是。我________出来的，走了________分钟。

方云明：我来介绍一下。这位就是贝拉，意大利学生。这位是我的好朋友杨文中。

贝　拉：您好，杨老师！

杨文中：你好！听说你对________有兴趣？

贝　拉：我特别喜欢中国画儿，可是不会画。

方云明：杨老师的画儿很________，他教画画儿非常有经验。

贝　拉：太好了，请您当老师我感到很________！

课文（四）

1. 听后选择正确答案　Listen and choose the correct answer

（1）A　　B　　C

（2）A　　B　　C

（3）A　　B　　C

2. 填空　Fill in the blanks

情景：贝拉跟杨老师商量学习时间和地点。

贝　拉：杨老师，您什么时候有时间？

杨文中：星期六、星期日我有时间。你呢？

贝　拉：我星期六、星期日也有时间。咱们一个星期一次，________行吗？

杨文中：行。几点？

贝　拉：________点到________点，每次两个小时。这个星期日开始好吗？

杨文中：好。你到我家来学怎么样？

贝　拉：您家在哪儿？

杨文中：我住在工人体育场南门________。

贝　拉：我住郊区，您住市区。我怎么去呢？

杨文中：坐公共汽车、坐地铁都行。

贝　拉：公共汽车和地铁都很挤，我还是骑车吧。

杨文中：骑车得一个多小时，太累了。

贝　拉：没关系。我喜欢骑车，骑车________。

课文（五）

1. 听后选择正确答案 Listen and choose the correct answer

（1）A　　B　　C

（2）A　　B　　C　　D

（3）A　　B　　C　　D

2. 填空 Fill in the blanks

情景：他们谈杨文中的画展。

方云明：贝拉，你知道吗？杨老师的画儿＿＿＿＿＿＿展览。你想看吗？

贝　拉：当然想。要票吗？

杨文中：我有票。你要几张？

贝　拉：我想请一个＿＿＿＿＿＿跟我一起去，两张行吗？

杨文中：没问题，给你。

贝　拉：（接过票看票）这个画展下星期三结束。每天上午＿＿＿＿＿＿到下午＿＿＿＿＿＿。

杨文中：你什么时候去看？

贝　拉：这个星期六怎么样？

杨文中：好，这个星期六我＿＿＿＿＿＿都在那儿。你可以去找我。

三　听后练习　After Listening

（一）再听一遍课文（四），然后介绍贝拉跟杨文中商量学习时间和地点的情况

Listen to text（4）again，then talk about the time and place for study the student and the teacher discussed

（二）检索听：听服务员和旅客的对话，注意北京到 S 市的火车的车次和发车时间，按老师分配给自己的角色（A、B、C、D、E），边听边检索出适合自己的车次并记住发车时间，然后口头向老师报告

Listen for information：Listen to the dialogue between an attendant and a passenger. Pay attention to the train number and departure time from Beijing to Tianjin. Play a role（A，B，C，D，E），and listen for the suitable train number and remember the departure time and then tell the teacher

四　泛听练习　Extensive Listening

（一）去看足球比赛

听后选择正确答案　Listen and choose the correct answer

（1）A　　B　　　（2）A　　B

(二) 王欢放心了

听后选择正确答案 Listen and choose the correct answer

(1) A　B　　(2) A　B

(三) 礼堂有电影

听后判别正误 Listen and decide if the statements are true or false

(1)　(2)　(3)　(4)

(四) 我的表停了

听后选择正确答案 Listen and choose the correct answer

(1) A　B　C　D

(2) A　B　C　D

(3) A　B　C　D

(五) 看电视

听后判别正误 Listen and decide if the statements are true or false

(1)　(2)　(3)　(4)

(六) 贝拉的一天

听后连线：几点钟贝拉在哪儿做什么？

Listen and match：what will Bella do at the given times?

9：00

图 1

11：05

图 2

11：40

图 3

12：30

图 4

15：00

图 5

17：55

图 6

第三课

明天天气怎么样？

New Words 生词

1. 约	(动)	yuē	to make an appointment; appointment
2. 风力	(名)	fēnglì	wind-force
3. 级	(量)	jí	(a measure word for wind)
4. 老板	(名)	lǎobǎn	boss
5. 干燥	(形)	gānzào	dry; arid
6. 顺风		shùn fēng	have a tail wind
7. 顶风		dǐng fēng	against the wind
8. 空气	(名)	kōngqì	air
9. 决定	(动)	juédìng	to decide
10. 号码	(名)	hàomǎ	number
11. 播送	(动)	bōsòng	to broadcast
12. 地区	(名)	dìqū	area
13. 风向	(名)	fēngxiàng	wind direction
14. 摘	(动)	zhāi	to pick, to take off

一　听前练习　Before Listening

（一）语音练习　Phonetic practice

1. 听写音节　Syllable dictation

（1）{　　　　（2）{

（3）{　　　　（4）{

（5）{　　　　（6）{

（7）{　　　　（8）{

2. 朗读听写的音节　Read aloud the syllable in the dictation

3. 辨别（请你在练习本上画出听到的音节）
Distinguish (Underline the syllables you hear in the book)

（二）词语练习　Word practice

1. 听句子挑出生词
Listen and choose the new words in the sentences

2. 朗读词组　Read aloud the phrases

（1）今天白天

晴	阴有小雨
阴	阴有中雨
晴转阴	阴有中到大雨
阴转晴	阴有大雨

(2)今天夜间

晴间多云	阴有小雪
多云间阴	阴有小雪转多云
多云转晴	阴有中到大雪
多云转阴	

(3)风向

北风	北转南	东北风
南风	南转北	东南风
东风		西北风
西风		西南风

(4)风力

二三级	二三级间四级
三四级	三四级间五级
四五级	四五级间六级
五六级	

(5)最高气温

二十摄氏度
三十二摄氏度
三十六摄氏度

(6)最低气温

零摄氏度
零下五摄氏度
零下十七摄氏度

(三) 句子练习 Sentence practice

1. 听 A 说的句子，从 B1、B2 两句中选择 B 应该说什么
Which is the proper response to what A says?

(1) B1 B2 (2) B1 B2
(3) B1 B2 (4) B1 B2
(5) B1 B2 (6) B1 B2

2. 听北京地区天气预报,然后说出是春夏秋冬哪个季节
Listen to the weather forecasts and tell the seasons

(1) (2) (3)

二 听时练习 While Listening

课文(一)

1. 听后选择正确答案 Listen and choose the correct answer

(1) A B (2) A B
(3) A B (4) A B
(5) A B (6) A B

2. 填空 Fill in the blanks

情景：在校园里，金汉成遇见王才，王才约他一起去香山。

金汉成：王才，今天__________真好。

王　才：是啊，秋天是最好的季节，不冷不热，也不常刮风。

金汉成：听说__________的香山很漂亮，是吗？

王　才：明天是星期天，我想去香山看红叶，你去不去？

金汉成：去。明天天气怎么样？你听天气预报了吗？

王　才：听了。明天是____________，风力____________级，最高气温____________度。

金汉成：太好了！咱们怎么去？

王　才：____________这么好，骑车去吧。

金汉成：好，我再约上大内和艾米，行吗？

王　才：行，人多热闹。哎，大内____________，她不会骑车。

课文（二）

1. 听后判别正误　Listen and decide if the statements are true or false

（1）　（2）　（3）　（4）　（5）　（6）

2. 填空　Fill in the blanks

情景：在去香山公园的路上，金汉成、王才和艾米一边骑车一边谈话。

金汉成：从这儿骑到香山得多长时间？

王　才：骑得快得____________多分钟，慢一点儿得____________多小时。

金汉成：天气这么好，骑车真舒服。

王　才：要是冬天，骑车就不这么舒服了。

艾　米：为什么？

王　才：____________常常刮风，气温也比较低。

艾　米：夏天怎么样？

王　才：夏天比较热。

金汉成：一年四季我最喜欢____________了。

王　才：你喜欢热？

金汉成：不是。

艾　米：他爸爸是做空调生意的。

王　才：是吗？这里的夏天比较热，可是常常下雨，下雨以后就____________了。

艾　米：金老板，你还喜欢夏天吗？

金汉成：那也喜欢。我还喜欢____________。

王　才：春天很暖和，不过比较干燥，有时刮大风。

艾　米：那太遗憾了。看，我们到了。

课文（三）

1. 边听边记录课文中的数字和时间
   Listen and note down the numbers and the times in the text

2. 听后判别正误　Listen and decide if the statements are true or false
   （1）　（2）　（3）　（4）　（5）　（6）

3. 填空　Fill in the blanks

情景：他们进了香山公园以后就开始爬山。

王　才：艾米，累不累？

艾　米：有点儿累。香山有多高？

王　才：____________。我在这里参加过爬山比赛。

艾　米：怪不得你爬得这么快。

金汉成：你爬香山的最好成绩是多少？

王　才：______________。

金汉成：那么快？

王　才：那天是顺风。

金汉成：今天是顶风，艾米，你用了多长时间？

艾　米：54分______________。你呢？

金汉成：54分______________。比你快一点儿。

课文（四）

1. 听后选择正确答案　Listen and choose correct answer

（1）A　B　　（2）A　B

（3）A　B　　（4）A　B

（5）A　B　　（6）A　B

2. 填空　Fill in the blanks

情景：他们爬上山顶以后一边休息一边谈话。

金汉成：山上的空气真好，你们看，那边的______________多好看！

艾　米：太漂亮了！在这儿照张相吧。

王　才：你们知道吗？冬天下雪的时候这里更好看。

金汉成：是吗？

王　才：可不是。山上山下到处都是______________，天晴了，来这里照相的人可多了。

金汉成：那时候我一定再来。

艾 米：今年冬天我不能来。

王 才：为什么？

艾 米：冬天我想去__________旅行。小王，上海的冬天怎么样？

王 才：上海的冬天气温不太低，可是房间里没有暖气，里边外边一样冷。

艾 米：是吗？我很怕冷。

王 才：不过宾馆里都有__________，没问题。

艾 米：那我就放心了。

课文（五）

1. 听后口头回答问题 Listen and then answer the questions orally

2. 填空 Fill in the blanks

情景：一位老大爷走过来，他们跟老大爷谈话。

金汉成：老大爷，您今年多大年纪了？爬到山顶累不累？

老大爷：不累。你猜我多大了。

金汉成：__________岁。

老大爷：不对。

艾 米：__________岁。

老大爷：不对。

王 才：__________岁。

老大爷：也不对。明年__________岁。

金汉成：是吗？您身体真好，我们都想您只有＿＿＿＿＿多岁。

艾　米：您的脸色多好啊，真不像那么大年纪。

老大爷：以前我身体很不好，常常去医院。＿＿＿＿＿年以前开始爬香山，每天早上都来这里。

艾　米：下雨下雪也来吗？

老大爷：一年＿＿＿＿＿都来。下雨下雪的时候，我慢慢地爬，也要爬到山顶。

王　才：真不容易。我们应该向老大爷学习。

三　听后练习　After Listening

（一）再听一遍课文（一）和（二），看"春"、"夏"、"秋"、"冬"四幅画，然后介绍北京四季的天气

Listen to texts (1) and (2) again, and look at the four pictures about spring, summer, autumn and winter. Then introduce the weather of the four seasons in Beijing

（二）再听一遍课文（三）（四）（五），然后介绍王才他们在香山的情况

Listen to texts(3) (4) and(5), then talk about the trip to Fragrant Hills Wang Cai and others made

四 泛听练习 Extensive Listening

(一) 世界十大城市天气预报

1. 听后选择正确答案 Listen and choose the correct answer

A B

2. 听后填表 Listen and fill out the form

城市	天气	最高气温
北京		摄氏度
东京		摄氏度
首尔		摄氏度
曼谷		摄氏度
悉尼		摄氏度
伦敦		摄氏度
巴黎		摄氏度
莫斯科		摄氏度
法兰克福		摄氏度
纽约		摄氏度

(二) 他们决定去哪个公园?

1. 听后选择正确答案 Listen and choose the correct answer

A B

2. 听后填表 Listen and fill out the form

时间	天气	风向	风力	气温
白天			级	最高 摄氏度
夜间			级转 级	最高 摄氏度

(三) 今天谁请客?

听后选择正确答案 Listen and choose the correct answer

A B C D

(四) 什么时候摘苹果最好?

听后选择正确答案 Listen and choose the correct answer

A B

第四课

黄瓜多少钱一斤？

New Words 生词

1. 农贸	(名)	nóngmào	crops trade, agriculture trade
2. 黄瓜	(名)	huángguā	cucumber
3. 嫩	(形)	nèn	tender
4. 土豆	(名)	tǔdòu	potato
5. 摊儿	(名)	tānr	stall, stand
6. 西红柿	(名)	xīhóngshì	tomato
7. 鸡蛋	(名)	jīdàn	egg
8. 炒	(动)	chǎo	to stir-fry
9. 巧克力	(名)	qiǎokèlì	chocolate
10. 找	(动)	zhǎo	to give (change)
11. 品名	(名)	pǐnmíng	name of an article
12. 值	(动)	zhí	to be worth
13. 整	(形)	zhěng	sharp, full, whole
14. 粘	(动)	zhān	to glue
15. 柜台	(名)	guìtái	counter
16. 实在	(形)	shízai	honest, trustworthy, true

专名 Proper nouns

雪碧	Xuěbì	Sprite

一　听前练习　Before Listening

（一）语音练习　Phonetic practice

1. 听写音节　Syllable dictation

（1）{　　　　（2）{

（3）{　　　　（4）{

（5）{　　　　（6）{

（7）{　　　　（8）{

2. 辨别（请你在练习本上画出听到的音节）
Distinguish (Underline the syllables you hear in the book)

（二）词语练习　Word practice

1. 听句子挑出生词
Listen and choose the new words in the sentences

2. 听后模仿　Listen and imitate

（三）句子练习　Sentence practice

1. 听句子选择正确答案
Listen and choose the correct answers

（1）A　　B　　C　　D

（2）A B C D

（3）A B C D

（4）A B C D

（5）A B C D

（6）A B C D

（7）A B C D

（8）A B C D

2. 听句子画出句重音

Listen and underline the sentence stresses

（1）你看这黄瓜多嫩，今天上午刚摘的。

（2）你看这西红柿多好，今天早上刚摘的。

（3）买五斤以上一块二一斤，五斤以下一块三。

（4）我买了好多苹果，别买西瓜了。

（5）我买了好多雪碧，别买可口可乐了。

（6）你卖不卖？不卖我们走了。

二 听时练习 While Listening

课文（一）

1. 听后口头回答问题 Listen and then answer the questions orally

2. 填空 Fill in the blanks

情景：周末丁兰教艾米和大内做中国菜。艾米和大内去农贸市场买东西。她们刚学完讨价还价，要去试试。

大内：黄瓜多少钱一斤？

小贩：______________。

大内：太贵了。

小贩：你看这黄瓜多嫩，今天上午刚摘的。

艾米：______________行不行？

小贩：不行。______________。

大内：要这几条。

小贩：一斤半。______________。

艾米：三块五吧。土豆怎么卖？

小贩：______________二斤。

大内：______________吧。

小贩：你要多少？买五斤以上______________一斤。

大内：我要一斤。

小贩：那不行。

艾米：要三斤行了吧？

小贩：正好三斤，______________。一共______________。

艾米：______________钱。下次还买你的。

小贩：行，你买东西真是个行家。

课文（二）

1. 听后口头回答问题　Listen and then answer the question orally

2. 填空　Fill in the blanks

情景：她们继续买东西，去另一个摊儿买西红柿和鸡蛋。

大内：艾米，你吃过西红柿炒鸡蛋吗？

艾米：吃过。我很喜欢吃。今天让丁兰教咱们做。

大内：走，去买西红柿和鸡蛋。

艾米：这儿的西红柿真多。这种怎么卖？

小贩：＿＿＿＿＿＿＿＿＿＿。

大内：那种呢？

小贩：＿＿＿＿＿＿＿＿＿＿。

艾米：那种有点儿绿，买这种吧。

小贩：对，这种又红又大。要多少？

大内：来这＿＿＿＿＿＿＿＿＿＿大的。

小贩：＿＿＿＿＿＿＿＿＿＿。你给三块吧。还买别的吗？

大内：鸡蛋哪儿卖？

小贩：那边。

艾米：大内，你去买鸡蛋，我买点儿水果。

课文（三）

1. 听后选择正确答案　Listen and choose the correct answer

（1）A　　　　B

（2）A　　　　B

（3）A　　　　B

2. 填空　Fill in the blanks

情景：艾米买完苹果，大内买完鸡蛋，她们又经过另一个水果摊儿。

小贩：小姐，来个西瓜吧。

大内：(念牌子) 西瓜六斤以上的__________一斤，六斤以下的__________一斤。艾米，这瓜不错，再买个西瓜吧。

艾米：我买了好多苹果，别买西瓜了。

大内：你买的苹果多少钱一斤？

艾米：五块钱__________。

小贩：这种苹果我这儿五块__________。

艾米：糟糕，我上当了。

小贩：小姐，下次来我这儿买吧。

大内：没关系。你买的苹果是真的"富士"，一定好吃。

艾米：还买别的吗？

大内：再去买点儿__________。

课文（四）

1. 听后判别正误 Listen and decide if the statements are true or false

（1）　（2）　（3）　（4）　（5）　（6）

2. 填空 Fill in the blanks

情景：艾米和大内在食品店买饮料。

大　内：小姐，可口可乐多少钱一瓶？

售货员：__________。

大　内：雪碧呢？

售货员：__________。

大　内：一瓶可乐，一瓶雪碧。

售货员：＿＿＿＿＿＿＿＿＿＿＿＿＿＿。

艾　米：再要两块巧克力。

售货员：要哪种？

艾　米：哪种的好？

售货员：这种是国产的，那种是进口的。两种都很好。

艾　米：一种要一块。

售货员：一共＿＿＿＿＿＿＿＿＿＿。你这是＿＿＿＿＿＿＿＿＿＿，

找你＿＿＿＿＿＿＿＿。

课文（五）

1. 听后选择正确答案　Listen and choose the correct answer

（1）A　　B　　C

（2）A　　B　　C

2. 填空　Fill in the blanks

情景：艾米和大内买东西回来，经过学校门口，看见卖花儿的。

艾米：大内，你看这花儿多漂亮，买几枝给丁兰吧。

大内：这种好看，买这种。多少钱一枝？

小贩：＿＿＿＿＿＿＿＿＿。要几枝？

大内：＿＿＿＿＿＿＿＿＿。能不能便宜点儿？

小贩：＿＿＿＿＿＿＿＿＿。

艾米：＿＿＿＿＿＿＿＿＿。

小贩：________________吧。

大内：________________。你卖不卖？不卖我们走了。

小贩：给你给你。你们真会砍价。

艾米：这是老师教的。

三 听后练习 After Listening

（一）5段课文再听一遍，然后填表

Listen to the five texts again，and then fill out the form

他们每种东西买了多少？各花了多少钱？

品名	数量	钱数
黄瓜		
土豆		
西红柿		
可口可乐		
雪碧		
巧克力		
花儿		

（二）听后选择：哪些句子是讨价还价的时候说的话？

Listen and choose：Which are bargain expressions？

（1）　（2）　（3）　（4）　（5）

（6）　（7）　（8）　（9）　（10）

四 泛听练习 Extensive Listening

(一) 方龙买鞋

听后选择正确答案 Listen and choose the correct answer

(1) A　　B　　C

(2) A　　B

(二) 逛商场买东西

听后填表 Listen and fill out the form

每个人各买了什么？买了多少？花了多少钱？

名字	品名	数量	钱数
金汉成			
山本			
大内			
艾米			

(三) 谁的表最准？

听后选择正确答案 Listen and choose the correct answer

(1) A　　B　　C

(2) A　　B　　C

(四) 说假话

听后回答问题 Listen and answer the question

为什么说这个年轻人"说假话"？

第五课

你哪儿不舒服？

New Words 生词

1. 科	(名)	kē	section, department
2. 难受	(形)	nánshòu	to feel unwell, to suffer pain
3. 内科	(名)	nèikē	internal medicine department
4. 脚	(名)	jiǎo	foot
5. 破	(动、形)	pò	to break; broken, worn-out
6. 外科	(名)	wàikē	surgical department
7. 诊室	(名)	zhěnshì	consulting room
8. 肠炎	(名)	chángyán	enteritis
9. 药房	(名)	yàofáng	hospital pharmacy, dispensary
10. 假条	(名)	jiàtiáo	certificate for sick leave
11. 划价		huà jià	to calculate the cost of medicine
12. 格	(名)	gé	division
13. 盒	(名)	hé	box
14. 以为	(动)	yǐwéi	to think
15. 药店	(名)	yàodiàn	drug store

一 听前练习 Before Listening

(一)语音练习 Phonetic practice

1. 听写音节 Syllable dictation

(1) {　　　(2) {

(3) {　　　(4) {

(5) {　　　(6) {

(7) {　　　(8) {

2. 辨别（请你在练习本上画出听到的音节）
Distinguish (Underline the syllables you hear in the book)

(二)词语练习 Word practice

1. 听句子挑出生词
Listen and choose the new words in the sentences
2. 用本课的生词回答问题
Answer the questions with the new words of this lesson
3. 听后说出句子中的“两”是什么意思
Listen and tell the meaning of “两” in the sentences

(三)句子练习 Sentence practice

听后判别正误

Listen and decide if the statements are true or false

(1)　(2)　(3)　(4)　(5)　(6)

(7)　(8)　(9)　(10)　(11)　(12)

二 听时练习 While Listening

课文(一)

1. 听后口头回答问题　Listen and then answer the question orally

2. 填空　Fill in the blanks

情景：大内和山本去医院看病，他们在挂号处挂号。

大内：大夫，挂一个号。

大夫：挂什么________？

山本：什么科？我们也不知道。

大夫：你们哪儿不舒服？

大内：我________，难受极了。

大夫：你挂________。

山本：我踢足球的时候，脚________了。

大夫：你挂________。

大内：多少钱？

大夫：每人________。内科在________层，外科在________层。

课文(二)

1. 听后口头回答问题　Listen and then answer the questions orally

2. 填空　Fill in the blanks

情景：山本在外科诊室看病。

大夫：你怎么了？

山本：今天踢足球的时候，滑了一下，脚破了。

大夫：哪儿？我看看。

山本：哎哟，哎哟！疼死了。

大夫：我给你洗一洗，再__________点儿药水儿。

山本：大夫，要紧吗？

大夫：比较厉害，得__________一针，每天来__________一次药。

山本：几天能好？下星期我们还有比赛呢。

大夫：__________天吧。不过你要特别注意，这几天天气比较__________，不要__________。

山本：谢谢大夫。

课文(三)

1. 听后口头回答问题　Listen and then answer the question orally

2. 填空　Fill in the blanks

情景：大内在内科诊室看病。

大夫：你__________很不好，哪儿不舒服？

大内：肚子疼。

大夫：几天了？

大内：星期一开始的，____________了。

大夫：吃饭怎么样？

大内：我什么都不想吃。

大夫：大便正常吗？

大内：不正常，昨天一共____________次。

大夫：你吃过什么不干净的东西吗？

大内：没有啊。对了，星期天晚上我吃了几个____________。

大夫：是不是没洗干净？你去化验一下大便吧。

大内：化验要很长时间吗？

大夫：____________钟。化验室在那边。

课文（四）

1. 听后口头回答问题　Listen and then answer the question orally

2. 填空　Fill in the blanks

情景：大内化验以后回到内科诊室。

大内：大夫，这是我的化验结果。我的病不要紧吧？

大夫：不要紧。你这是____________。吃点儿药吧。

大内：西药还是中药？

大夫：有西药也有中药。这是____________，去药房取药吧。

大内：药房在哪儿？

大夫：108 房间。回去以后好好____________，按时________。

我给你开张假条，今天、明天别去上课了。

大内：好吧，谢谢您。

课文（五）

1. 听后口头回答问题　Listen and then answer the question orally

2. 填空　Fill in the blanks

情景：大内去药房划价、取药。

大内：大夫，我取药。

大夫：给我药方。一共＿＿＿＿＿＿＿，去那边交钱。

（过了一会儿）

大内：大夫，我交完钱了。

大夫：一共＿＿＿种药：这是丸药，每天＿＿＿次，每次＿＿＿丸，饭前吃；这是药水儿，每天＿＿＿次，每次＿＿＿格；这是药片，大药片每天＿＿＿次，每次＿＿＿片，小药片每天＿＿＿次，每次＿＿＿片。这三种药饭后吃。记住了吗？

大内：没有，请您再说一遍。

大夫：丸药饭前吃，每天＿＿＿次，每次＿＿＿丸；药水儿每天＿＿＿次，每次＿＿＿格，饭后吃；大药片每天＿＿＿次，每次＿＿＿片；小药片每天＿＿＿次，每次＿＿＿片，也是饭后吃。

大内：谢谢您。

三　听后练习　After Listening

（一）再听一遍课文（一），然后快速回答问题

Listen to text（1）again and then answer the questions quickly

（二）再听一遍课文（二），然后听另一篇短文，说出短文与课文（二）的异同

Listen to text（2）again，and listen to another short passage. Then tell their differences

（三）再听一遍课文（三）和课文（四），然后听另一篇短文，说出短文与课文（三）（四）的异同

Listen to texts（3）and（4）again，and listen to another short passage. Then tell their differences

（四）再听一遍课文（五），然后听另一篇短文，说出短文与课文（五）的异同

Listen to text（5）again，and listen to another short passage. Then tell their differences

四　泛听练习　Extensive Listening

(一) 你看见我的药了吗？

听后选择正确答案　Listen and choose the correct answer

（1）A　　　　B

（2）A　　　　B

（3）A　　　　B

(二) 我愿意天天生病

听后判别正误　Listen and decide if the statements are true or false

（1）　　（2）　　（3）　　（4）

(三) 怪不得你肚子不舒服

听后选择正确答案　Listen and choose the correct answer

A　　　　B

(四) 你已经聪明一点儿了

听后选择正确答案　Listen and choose the correct answer

A　　　　B

第六课

海运还是空运？

New Words 生词

1. 明信片	(名)	míngxìnpiàn	postcard
2. 信箱	(名)	xìnxiāng	letter box
3. 信筒	(名)	xìntǒng	mailbox
4. 快件	(名)	kuàijiàn	express letter
5. 信封	(名)	xìnfēng	envelope
6. 单子	(名)	dānzi	bill
7. 包裹	(名)	bāoguǒ	parcel
8. 克	(量)	kè	gram
9. 特快专递		tèkuài zhuāndì	EMS
10. 姓名	(名)	xìngmíng	full name
11. 住址	(名)	zhùzhǐ	address
12. 地址	(名)	dìzhǐ	address
13. 名片	(名)	míngpiàn	name card
14. 传真	(名)	chuánzhēn	fax
15. 回信	(名)	huíxìn	a letter in reply
16. 其实	(副)	qíshí	actually, in fact

一 听前练习 Before Listening

（一）语音练习 Phonetic practice

1. 听写音节 Syllable dictation

（1）{ （2）{

（3）{ （4）{

（5）{ （6）{

（7）{ （8）{

2. 辨别（请你在练习本上画出听到的音节）

Distinguish (Underline the syllables you hear in the book)

（二）词语练习 Word practice

听句子挑出生词

Listen and choose the new words in the sentences

（三）句子练习 Sentence practice

听句子，从下面 A、B 两句中选择恰当的下句

Listen to the first sentence，then choose the proper sentence from A and B

（1）A B （2）A B

（3）A B （4）A B

（5）A B （6）A B

（7）A B （8）A B

二 听时练习 While Listening

课文(一)

1. 听前填空 Fill in the blanks before listening

情景：贝拉在邮局寄信和明信片。

贝　拉：小姐，我要往意大利寄一封信和一张明信片，要贴多少钱＿＿＿＿＿＿？

营业员：明信片四块五。信我得称一下，你这封信＿＿＿＿＿＿了，应该贴十六块四的邮票。

贝　拉：我还要往上海寄一封信，多少钱？

营业员：国内的信外埠都是一块两毛。还有＿＿＿＿＿＿吗？

贝　拉：没有了。

营业员：一共二十二块一，给你邮票。

贝　拉：这些信都放到信箱里吗？

营业员：大门旁边有一个信筒，放在那＿＿＿＿＿＿就行了。

贝　拉：顺便问一下，往上海寄明信片贴几毛的邮票？

营业员：八毛。

2. 听第一遍后核对 Listen and check

3. 听后判别正误 Listen and decide if the statements are true or false

（1）　（2）　（3）　（4）　（5）　（6）　（7）

课文(二)

1. 听前填空　Fill in the blanks before listening

情景：金汉成在邮局寄信。

金汉成：我想往上海寄一封信，哪种保险?

营业员：______________。

金汉成：挂号信是不是很快?

营业员：不快。得______________星期。

金汉成：太慢了，有没有快一点儿的?

营业员：你寄快件吧，它跟挂号信一样保险，______________就能到。

金汉成：好，我寄快件。多少钱?

营业员：你的信封不成，寄快件得用这种专门的信封，一个两块。

金汉成：我写好了。给你。

营业员：我称一下。

金汉成：______________了吗?

营业员：没有，二十二块。这张单子是收据，请收好。

2. 听第一遍后核对　Listen and check

3. 听后口头回答问题　Listen and then answer the questions orally

课文（三）

1. 听前填空　Fill in the blanks before listening

情景：贝拉在邮局寄包裹。

贝　拉：先生，我想寄点儿______。

营业员：寄到哪儿？

贝　拉：______。

营业员：什么东西？请打开看看。

贝　拉：两本集邮册。

营业员：呵，这些都是新出的纪念邮票。看来你的______很喜欢集邮。

贝　拉：这是给我______寄的。他是一个集邮迷。

营业员：对不起，我______了。来，用这些纸包装一下。你再填一下包裹单。

贝　拉：你看我写的行吗？

营业员：可以，要挂号吗？

贝　拉：要。

营业员：我称一下，一千六百克。海运还是______？

贝　拉：空运。

营业员：一共二百五十一块八毛。这是收据，请收好。

贝　拉：谢谢。

2. 听第一遍后核对 Listen and check

3. 听后判别正误 Listen and decide if the statements are true or false

（1） （2） （3） （4） （5）

课文（四）

1. 听前填空 Fill in the blanks before listening

情景：金汉成在邮局寄特快专递。

金汉成：小姐，这儿有EMS吗？

营业员：有，我们叫____________。你寄什么？

金汉成：我有一封信和一本杂志要寄到首尔。

营业员：给你这个信封和单子，先交十五块。

金汉成：你看我这样写行吗？

营业员：收信人的__________和__________要写清楚。

金汉成：好。给你钱。

营业员：你的汉字写得不错，汉语也说得很好。

金汉成：是我们老师教得好。

营业员：你们老师听了一定很高兴。

2. 听第一遍后核对 Listen and check

3. 听后口头回答问题 Listen and then answer the questions orally

课文（五）

1. 听前填空　Fill in the blanks before listening

情景：金汉成和贝拉一起来到报刊亭前。

金汉成：贝拉，你看过中国报纸和杂志吗？

贝　拉：没看过。

金汉成：我＿＿＿＿＿＿看，很有意思。我建议你也看看。

营业员：你们买点儿什么？

金汉成：有预告下周节目的《中国电视报》吗？

营业员：有，今天刚到的。这些都是＿＿＿＿＿＿的杂志。你们看看。

金汉成：我买这本《电影画报》。

贝　拉：我买什么呢？《大学生》，这本杂志一定＿＿＿＿＿＿。我买一本看看。

营业员：我建议你们买一份《北京晚报》，北京人很喜欢看的报。

贝　拉：＿＿＿＿＿＿。

2. 听第一遍后核对　Listen and check

3. 听第二遍，根据听到的内容把左边和右边相关的词语用直线连起来

Listen again and match the phrases in the left and right columns according to what you hear

《中国电视报》	北京人很喜欢看
《电影画报》	一定很有意思
《大学生》	预告下周节目的
《北京晚报》	新来的

三　听后练习　After Listening

（一）听后判断哪些话是顾客（用 G 表示）说的、哪些话是营业员（用 Y 表示）说的

Listen and decide which are the customer's words and which are the shop assistant's words(write G for customer and Y for shop assistant)

(1)　(2)　(3)　(4)　(5)　(6)
(7)　(8)　(9)　(10)　(11)　(12)
(13)　(14)　(15)　(16)

（二）用动词"寄"说短语，按座位轮，每人说一个，说不出来被淘汰。谁说得最多谁赢。

Make one phrase with the verb "寄" one by one. The one who cannot do it will be eliminated. Who makes the most phrases will be the winner

四 泛听练习 Extensive Listening

(一) 我们查一查

听后判别正误 Listen and decide if the statements are true or false

(1)　　(2)　　(3)　　(4)

(二) 误会

听后选择正确答案 Listen and choose the correct answer

(1) A　　B

(2) A　　B

(3) A　　B

(4) A　　B　　C　　D

(三) 老张写信

听后选择正确答案 Listen and choose the correct answer

A　　B　　C

第七课

你们说话的机会多吗？

New Words 生词

1. 段	(量)	duàn	(a measure word) paragraph
2. 门	(量)	mén	(a measure word)
3. 标准	(形、名)	biāozhǔn	standard
4. 纠正	(动)	jiūzhèng	to correct
5. 正确	(形)	zhèngquè	correct; right
6. 什么的	(代)	shénmede	and so on
7. 字典	(名)	zìdiǎn	dictionary
8. 信息	(名)	xìnxī	information
9. 保龄球	(名)	bǎolíngqiú	bowling
10. 死	(动)	sǐ	to die
11. 孙子	(名)	sūnzi	grandson
12. 最后	(名)	zuìhòu	final; at last
13. 正好	(形、副)	zhènghǎo	just in time; just enough

专名 Proper nouns

1. 欧美	Ōu Měi	Europe and America
2. 亚运村	Yàyùncūn	Asian Games Village
3. 愚公	Yúgōng	Foolish Old Man (nickname)
4. 智叟	Zhìsǒu	Intelligent Old Man (nickname)

一　听前练习　Before Listening

（一）语音练习　Phonetic practice

1. 听写音节　Syllable dictation

（1）{　　　　　　（2）{

（3）{　　　　　　（4）{

（5）{　　　　　　（6）{

（7）{　　　　　　（8）{

2. 听句子辨别句重音

Listen and distinguish the sentence stresses

（1）几位老师对我们都很严格，特别是综合课老师。

（2）在学完课文以后，老师还让我们说一段话。

（3）A 班怎么样？听和说的训练一定很多吧？

（4）现在我能用汉语说很长的句子了。

（5）老师要求我们下课以后只能说汉语，不能说英语。

（6）上课的时候，我们都得举手回答问题。

（7）他们说得不错，可是很多同学汉字有问题。

（8）你告诉他们记汉字要一边念一边写，一边想一边造句。

(9) 艾米刚出去，你进去坐一会儿吧，她可能一会儿就回来。

(10) 请你告诉刘老师，明天我准时到他家。

(二) 词语练习 Word practice

1. 听句子挑出生词
Listen and choose the new words in the sentences

2. 用本课生词快速口头回答问题
Answer the questions quickly and orally with the new words of this lesson

(三) 句子练习 Sentence practice

1. 听后完成句子 Listen and complete the sentences

(1) 我们班的几位老师对我们都很严格，特别是……

(2) 上课的时候老师让我们……

(3) 开始的时候很难，过了一段时间……

(4) 我的发音错了，老师就……

(5) 白老师很忙，没有时间给我辅导，她给我……

(6) 我们班的同学课上课下都不说……

(7) 欧美班的同学课上积极练习听和说，口语不错，可是……

(8) 日韩班的同学汉字没有问题，可是……

2. 朗读以上完成后的句子
Read aloud the complete sentences above

二 听时练习 While Listening

课文（一）

1. 听后口头回答问题 Listen and then answer the question orally

2. 听后选择正确答案 Listen and choose the correct answer

（1）A　　B　　C　　D

（2）A　　B　　C　　D

（3）A　　B　　C　　D

（4）A　　B　　C　　D

（5）A　　B　　C　　D

（6）A　　B　　C　　D

3. 填空 Fill in the blanks

情景：在校园里，山本遇见三木，他们谈起B班的学习情况。

山本：三木，你在B班习惯吗？

三木：比较习惯。B班对我很________________。

山本：你们都有什么课？

三木：听力、口语、阅读，还有综合课。

山本：你们的老师怎么样？

三木：几位老师对我们都很严格，特别是______________老师。

山本：在课上你们说话的机会多吗？

三木：多。每门课都有说话的机会。口语课说话机会最多，老师让我们互相问问题，在学完课文以后还让我们说一段话。

山本：是吗？那是不是很难？

三木：开始的时候很难，过了一段时间就不觉得难了。

山本：__________你现在说汉语说得比以前好了。听力课怎么样？

三木：听力课特别有意思，听的机会很多，听后做很多练习，有说的练习、读的练习、写的练习，还有做动作的练习，我最喜欢__________。

课文(二)

1. 听后口头回答问题　Listen and then answer the question orally

2. 听后判别正误　Listen and decide if the statements are true or false

(1)　　(2)　　(3)　　(4)

(5)　　(6)　　(7)　　(8)

3. 填空　Fill in the blanks

情景：他们从 B 班谈到 A 班。

三木：山本，A 班怎么样？听和说的训练一定很多吧？

山本：可不是，课上有很多机会练习__________，现在我能用汉语说很长的句子了。

三木：你进步得真快！你的发音很标准。

山本：哪儿啊！我的发音不行，老师常常纠正我。大内、艾米、金汉成，他们发音都比我好。

三木：你们老师对发音的要求很严吧？

山本：非常严格，特别是＿＿＿＿＿＿＿，要求我们的语音、声调要完全正确。

三木：怪不得呢！

山本：我还有一个辅导老师，主要帮助我练习发音。

三木：你说的是不是那个又年轻又漂亮的白华老师？

山本：不是。我问过白老师，她非常忙，没有时间，她给我介绍了一位年纪大的老师，这位老师很有经验。

三木：我的＿＿＿＿＿＿＿不太好，也想请一位老师辅导。

山本：今天下午我有辅导，可以帮你问问，请她给咱们＿＿＿＿＿＿＿辅导。

三木：那太好了。

课文（三）

1. 听后口头回答问题　Listen and then answer the question orally

2. 听后判别正误　Listen and decide if the statements are true or false

（1）　　（2）　　（3）　　（4）

（5）　　（6）　　（7）　　（8）

3. 填空　Fill in the blanks

情景：山本和三木讨论学习方法。

山本：三木，你觉得用什么方法学习汉语最好？

三木：在课上要多听多说，下课以后多跟中国人聊天儿。

山本：中国人说话很快，我常常＿＿＿＿＿＿＿。

三木：你可以多跟你们班的老师和同学说。

山本：对，我们班是个小联合国，课上课下大家都不说母语，只说汉语。你们班也是这样吗？

三木：也是这样。我们班只有我一个是日本人，老师要求我们下课以后只说汉语，不能说英语。对了，你常听________吗？

山本：每天听，每天晚上都听一个小时，我觉得听录音对提高听力非常好。

三木：我也是。我还常常看电视，有时候看中国电影。

山本：还有别的方法吗？

三木：还可以进行念课文比赛、__________比赛、讲故事比赛、唱歌比赛什么的。

山本：对，这些都是学习汉语的好方法。

课文(四)

1. 听后口头回答问题　Listen and then answer the question orally

2. 听后选择正确答案　Listen and choose the correct answer

(1) A　　B

(2) A　　B

(3) A　　B　　C　　D

(4) A　　B

(5) A　　B

(6) A　　B

3. 填空　Fill in the blanks

情景：三木和山本正在谈话，方龙带小虎走了过来。他们谈起幼儿园的学习。

山本：我们班的方老师来了。你们认识吧？

三木：＿＿＿＿＿＿。方老师，您好！

方龙：你们好！小虎，快过来，叫叔叔。

小虎：叔叔好！

山本：他是您的孙子吧？

小虎：你们是我爷爷的学生吧？

三木：是啊。你几岁了？

小虎：＿＿＿＿＿＿了。

山本：上学了吗？

小虎：还没呢。我在幼儿园大班。

山本：你们在幼儿园每天做什么？

小虎：学习。

三木：学习？学习什么？

小虎：我们有说话课、画画儿课、体育课，还有＿＿＿＿＿课、跳舞课。

三木：你们的课真有意思。我也去你们班行吗？每天都可以玩儿。

小虎：不是玩儿！老师对我们要求可＿＿＿＿＿了，上课的时候，我们都得举手回答问题。

三木：是吗？那我不去了。

课文（五）

1. 听后口头回答问题　Listen and then answer the question orally

2. 听后选择正确答案　Listen and choose the correct answer

（1）A　　B

（2）A　　B　　C　　D

（3）A　　B　　C　　D

（4）A　　B　　C　　D

（5）A　　B　　C　　D

（6）A　　B

3. 填空　Fill in the blanks

情景：下课以后白老师和张老师在办公室谈汉字教学。

白老师：张老师，你们班的学生都是哪国人？

张老师：九个英国人，一个＿＿＿＿＿人。

白老师：他们上课的时候是不是说话很积极？

张老师：是的，他们练习听和说都很积极，口语不错，＿＿＿＿＿也问题不大，可是汉字不行。

白老师：欧美班的汉字都有问题。你应该加强汉字的练习。

张老师：有的学生上课的时候常常查字典，耽误不少时间。

白老师：那样不好，你应该要求他们课前预习，上课的时候不要查字典。

张老师：他们说记不住汉字，怎么办呢？

白老师：你告诉他们记汉字要一边念一边写，一边想一边造句，还要每天＿＿＿＿＿。

张老师：我可以去听听你的课吗？

白老师：欢迎，咱们互相学习，希望你多提意见。

三　听后练习　After Listening

（一）讨论题1：听了以上五段课文，你了解了什么新的信息？

Discussion 1：What have you learned after you listened to all the texts above?

（二）讨论题2：介绍一下你的学习方法

Discussion 2：Introduce your study methods

四　泛听练习　Extensive Listening

（一）明天去哪儿玩儿？

听后选择正确答案　Listen and choose the correct answer

（1）A　　B

（2）A　　B

（二）愚公移山

讨论：你觉得愚公和智叟谁聪明一些？

Discussion: Who is more intelligent, Yugong or Zhisou?

(三) 王欢去宿舍找艾米

听后判别正误 Listen and decide if the statements are true or false

(1)　　　(2)　　　(3)　　　(4)

(四) 什么是我、你、他?

听后填写答案 Listen and fill in the blanks

(1) 在家里，小明是怎样回答爸爸的?

我是你的______，你是我的______，他是你的______。

(2) 在学校，小明是怎样回答老师的?

我是你的______，你是我的______，他是你的______。

第八课

你换多少？

New Words 生词

1. 打算	(动)	dǎsuàn	to want, to plan
2. 上升	(动)	shàngshēng	to rise, to go up
3. 排队		pái duì	to line up
4. 运气	(名)	yùnqi	fortune, luck
5. 女士	(名)	nǚshì	lady, madam
6. 优先	(形)	yōuxiān	first，priority
7. 护照	(名)	hùzhào	passport
8. 洗衣机	(名)	xǐyījī	washing machine
9. 天鹅	(名)	tiān'é	swan
10. 牛仔裤	(名)	niúzǎikù	jeans
11. 超市	(名)	chāoshì	supermarket
12. 香皂	(名)	xiāngzào	perfumed soap
13. 牙膏	(名)	yágāo	toothpaste
14. 后悔	(动)	hòuhuǐ	to regret, to repent
15. 墙壁	(名)	qiángbì	wall
16. 所有	(形)	suǒyǒu	all

一　听前练习　Before Listening

（一）语音练习　Phonetic practice

1. 听写音节　Syllable dictation

（1）{　　　　（2）{

（3）{　　　　（4）{

（5）{　　　　（6）{

（7）{　　　　（8）{

2. 听句子辨别句重音
Listen and distinguish the sentence stresses

（1）我想先换点儿钱买台洗衣机，晚上再做作业。

（2）你等一会儿，我马上回来。

（3）你看，今天日元和美元对人民币的比价都上升了。

（4）小姐，这种洗衣机的质量怎么样？

（5）这是中国的名牌产品。

（6）我们是大商场，不讨价还价。

（7）这件大小合适，可是颜色不太好。

（8）你先交100块，那儿有试衣间。

（二）词语练习 Word practice

1. 听句子挑出生词
Listen and choose the new words in the sentences

2. 用本课的词语改句子
Rewrite the following sentences with the new words of this lesson

（1）学习结束以后你想去哪儿旅行？（打算）

（2）是我错了，那时我没帮助他。现在我觉得很不应该。（后悔）

（3）我们学校每个同学都有这本词典。（所有）

（4）墙上有很多画儿和照片。（墙壁）

（5）今天美元的比价提高了。（上升）

（三）句子练习 Sentence practice

听句子，口头回答问题
Listen to the sentences and then answer the questions orally

二 听时练习 While Listening

课文（一）

1. 听前填空并讨论 Fill in the blanks and discuss before listening

情景：山本打算去买东西，可是钱不够了。他想去银行换钱，遇见了艾米。

艾米：山本，你去哪儿？

山本：我去银行____________，你呢？

艾米：我去图书馆了，刚做完作业。你作业做完了吗？

山本：还没有呢。我想先＿＿＿＿＿＿买台洗衣机。晚上再做作业。

艾米：对了，我得修理手机，我的＿＿＿＿＿＿也不多了。

山本：跟我一起去吧。

艾米：你等一会儿，我马上＿＿＿＿＿＿。

山本：好吧，你快点儿。

2. 听课文核对答案　Listen to the text and check your answers

3. 听后选择正确答案　Listen and choose the correct answer

（1）A　　B　　　　（2）A　　B

（3）A　　B　　　　（4）A　　B

（5）A　　B　　　　（6）A　　B

课文（二）

1. 听前填空并讨论　Fill in the blanks and discuss before listening

情景：山本和艾米来到银行。

山本：艾米，你看，今天日元和美元对人民币的比价都上升了。

艾米：＿＿＿＿＿＿。上次我来，美元的比价是六百八十二块九毛五，今天是六百八十五块两毛四。

山本：日元也升了不少，升了二块三毛八。

艾米：今天的人还不多，不用＿＿＿＿＿＿。

山本：咱们的运气不错。艾米，你先来。

艾米：你先来吧。

山本：__________，女士优先嘛。

2. 听课文核对答案　Listen to the text and check your answers

3. 听后口头回答问题　Listen and then answer the question orally

课文（三）

1. 听前填空并讨论　Fill in the blanks and discuss before listening

情景：艾米和山本在银行换钱。

艾　米：小姐，我要__________。

营业员：你换多少？

艾　米：__________。

营业员：行。你的护照呢？

艾　米：给。

营业员：（给艾米单子）在这儿签字。

艾　米：（把单子还给营业员）给。

营业员：一共__________。请你数一下。下一位。

山　本：我也__________。

营业员：你换多少？

山　本：__________。

（营业员接过钱，数过以后发现钱数不对）

营业员：这是十一万。你再数一下。

山　本：对不起，我__________了，谢谢您。

营业员：（给山本单子）在这儿签字。

山　本：（把单子还给营业员）给您。

营业员：这是你的钱，____________，请数一下。

山　本：正好。谢谢。

2. 听课文核对答案　Listen to the text and check your answers

3. 听后口头回答问题　Listen and then answer the questions orally

课文（四）

1. 听前填空并讨论　Fill in the blanks and discuss before listening

情景：换钱以后，艾米陪山本在商场买洗衣机。

山　本：艾米，你看这种绿色的怎么样？

艾　米：颜色很漂亮，不知道____________怎么样？

山　本：咱们问问售货员。……小姐，这种洗衣机____________怎么样？

售货员：很好。这是中国的____________产品。

艾　米："小天鹅"牌，我在电视里看过。

售货员：这种洗衣机卖得很快，这是刚来的新产品。

山　本：2350元，能不能便宜点儿？

售货员：我们是大商场，不____________。

山　本：可以送货吗？

售货员：可以，不过今天我们的车很忙，明天上午送怎么样？

山　本：明天上午我有课，____________吧。麻烦您帮我挑一台好吗？

售货员：好，没问题。

2. 听课文核对答案 Listen to the text and check your answers

3. 听后口头回答问题 Listen and then answer the questions orally

课文（五）

1. 听前填空并讨论 Fill in the blanks and discuss before listening

情景：山本买完洗衣机，他们去楼上买衣服。

山　本：咱们去＿＿＿＿＿＿＿＿吧。

艾　米：不忙。我先去买件衣服。

山　本：什么衣服？

艾　米：衬衫，我想买一件丝绸衬衫。

山　本：在楼上。（他们来到楼上）那边，你看，那些都是＿＿＿＿＿＿＿＿。

艾　米：这件我穿怎么样？

山　本：大小合适，可是＿＿＿＿＿＿不太好。这件米黄色的＿＿＿＿＿＿很好，穿在你身上一定很漂亮。

艾　米：是吗？我试试。小姐，这种衣服可以＿＿＿＿＿＿吗？

售货员：可以。那儿有试衣间。

（艾米试完衣服回来）

艾　米：就＿＿＿＿＿＿了。小姐，裤子哪儿卖？

售货员：前边，往左拐。

（艾米和山本来到卖裤子的专区）

山　本：你看，这是苹果牌牛仔裤。你喜欢吗？

艾　米：我穿牛仔裤不好看。去＿＿＿＿＿＿看看吧。

2. 听课文核对答案　Listen to the text and check your answers

3. 听后口头回答问题　Listen and then answer the questions orally

三　听后练习　After Listening

（一）1. 听短文　Listen to the short passage

2. 听后快速口头回答问题
Listen and then answer the questions quickly and orally

（二）1. 听短文　Listen to the short passage

2. 听后快速口头回答问题
Listen and then answer the questions quickly and orally

四　泛听练习　Extensive Listening

(一) 我不买洗发水

听后判别正误　Listen and decide if the statements are true or false

（1）　　（2）　　（3）　　（4）

(二) 我就要这双

听后选择正确答案　Listen and choose the correct answer

（1）A　　B　　C

（2）A　　B

(三) 换 钱

听后填表 Listen and fill out the form

他们各换了多少人民币?

人 名	比 价	外币数	人民币数
玛丽	美元和人民币		
安娜	欧元和人民币		
约翰	英镑和人民币		
小林	日元和人民币		

(四) 好货不便宜

听后选择正确答案 Listen and choose the correct answer

(1) A B (2) A B

(3) A B (4) A B

(五) 脸朝墙壁，不许说话

听后选择正确答案 Listen and choose the correct answer

A B C

第九课

这是什么通知？

New Words 生词

1. 人员	(名)	rényuán	personnel, staff
2. 特点	(名)	tèdiǎn	characteristic, distinguishing feature
3. 广播站	(名)	guǎngbōzhàn	broadcasting station (of a school)
4. 歌舞	(名)	gēwǔ	song and dance
5. 团	(名)	tuán	troupe
6. 精彩	(形)	jīngcǎi	brilliant，wonderful
7. 替	(介、动)	tì	for; to take the place of, to replace
8. 转告	(动)	zhuǎngào	to pass on (words)
9. 内容	(名)	nèiróng	content, substance
10. 讲解	(动)	jiǎngjiě	to explain
11. 错误	(名)	cuòwù	mistake; wrong
12. 传口令		chuán kǒulìng	to pass on a word of command
13. 游戏	(名)	yóuxì	game
14. 语速	(名)	yǔsù	words speed
15. 阶梯	(名)	jiētī	steps, stairs
16. 艺术	(名)	yìshù	art

一 听前练习 Before Listening

（一）语音练习 Phonetic practice

1. 听写音节 Syllable dictation

（1）{ （2）{

（3）{ （4）{

（5）{ （6）{

（7）{ （8）{

2. 听句子辨别句重音
Listen and distinguish the sentence stresses

（1）请大家坐好，别说话了。

（2）请大家自己带午饭。

（3）明天早上八点在教三楼前边上车。

（4）展览时间是每天上午八点到下午六点，地点在教四楼117教室。

（5）我去买票，买四十元一张的吧。

（6）他说你们公司的经理要来北京。

（7）我们经理是个中国通，他的汉语可好了。

（8）现在我们学完了第一本书，要考这本书的所有内容。

（二）词语练习 Word practice

1. 听句子挑出生词
Listen and choose the new words in the sentences

2. 用本课生词完成句子
Complete the following sentences with the new words of this lesson

（1）山本没来上课，请你……（转告）
（2）电影就要开演了，你怎么还不进去？……（赶快）
（3）方老师的教学经验非常丰富，他语法……（讲解）
（4）幼儿园的孩子们喜欢……（歌舞）
（5）这个故事的……（内容）
（6）小张的练习都对了，……（错误）
（7）老师说得很慢，可是录音……（语速）
（8）我们一边游览颐和园，一边请……（讲解）
（9）昨天的足球比赛……（精彩）
（10）你要是不能去参加比赛，我……（替）

（三）句子练习 Sentence practice

听句子，从A、B两句中选择恰当的下句
Listen to the first sentence，then choose the proper sentence from A and B

（1）	A	B	（2）	A	B
（3）	A	B	（4）	A	B
（5）	A	B	（6）	A	B

二　听时练习　While Listening

课文（一）

1. 听后口头回答问题　Listen and then answer the questions orally

2. 根据听到的内容把左边和右边相关的词语用直线连起来
Listen and match the phrases in the left and right columns according to what you hear

我们速成学院的老师和同学	外国留学生画展
上午参观	明天去参观
故宫的工作人员给我们介绍	故宫
下午我们游览	景山和北海
文化学院现在正在举办	故宫的历史和建筑特点

3. 填空　Fill in the blanks

情景：下课铃响了，白华老师走进教室通知两件事情。

白　华：同学们先别走，请等一下儿，我有两个通知。

山　本：请大家坐好，别说话了。

白　华：第一个是速成学院办公室的通知：

我们速成学院的老师和同学______去参观。______参观故宫，请故宫的工作人员给我们介绍故宫的历史和建筑特点，一边参观一边听介绍。______我们游览景山和北海。请大家自己带午饭。明天早上______钟在教三楼前边上车，希望大家准时上车，不要迟到。记住了吗？

同学们：记住了。

白　华：第二个通知是文化学院现在正在举办“外国留学生画展”，时间是________到_____，每天上午_____到下午_____。地点在教四楼_____教室。欢迎同学们前去参观。

课文（二）

1. 听后选择正确答案　Listen and choose the correct answer

（1）A　　B

（2）A　　B

（3）A　　B　　C

2. 填空　Fill in the blanks

情景：艾米和大内走在路上，听见学校广播站正在播送通知。

大内：艾米，你听，这是什么通知？

广播：同学们请注意，同学们请注意：

东方歌舞团今天晚上来我校礼堂演出精彩歌舞。_____开演，_____在礼堂门前售票，票价_____元、_____元、_____元。欢迎同学们前往观看，请大家互相转告。

艾米：你想看吗？

大内：想，可是我还没做作业呢。

艾米：看完再做。听说东方歌舞团的演出非常精彩。要是不看太遗憾了。

大内：好，听你的。

艾米：我去买票。

大内：买两张______的吧。

艾米：不，买最好的。

课文（三）

1. 听后口头回答问题　Listen and then answer the questions orally

2. 填空　Fill in the blanks

情景：山本不在，艾米替他接了两个电话。

艾米：山本，刚才你不在，有你两个电话。

山本：谁来的？

艾米：一个是商店送货的人打来的。他说他们现在在__________，可是汽车坏了，正在修理，可能还要等__________小时。怕你着急，所以给你打个电话。

山本：他们想得真周到。第二个是谁来的？

艾米：王欢老师。他说办公室有你一封传真，是你们公司从__________发来的。

山本：有没有什么要紧的事？

艾米：他说你们公司的____________要来北京。

山本：什么？经理要来？什么时候来？

艾米：王老师说让你赶快去拿＿＿＿＿＿＿，你看了就知道了。一听说你们经理要来你干吗这么紧张？

山本：我们经理是个＿＿＿＿＿＿，他的汉语可好了。要是他用汉语跟我谈话，我可能听不懂。

艾米：所以你应该好好上听力课，赶快提高＿＿＿＿＿＿。

课文（四）

1. 根据听到的内容把左边和右边相关的词语用直线连起来
Listen and match the phrases in the left and right columns according to what you hear

星期五上午山本	复习，不学新课了
下星期一我们	讲解我们练习中的错误
星期一我们	去机场接他的经理
然后老师	得在公司办公室陪经理
这次考试的方法	先复习生词、课文和语法
上次考试我们班	有的人成绩不太好
明天、后天我	跟上次一样

2. 填空　Fill in the blanks

情景：星期五上午山本去机场接他的经理，没来上课，方龙让大内转告他一个通知。

大内：山本，方老师让我通知你，下星期一我们复习，不学新课了。

山本：不学新课了？那太好了。

大内：你先别高兴，他说下星期二有__________。

山本：又有考试？不是已经考过一次了吗？

大内：方老师说第一次是语音阶段的考试，现在学完了第一本书，要考这本书的所有内容。

山本：这么多内容，怎么复习？

大内：星期一我们先__________生词、课文和语法，然后老师__________我们练习中的错误。他说这次考试的方法跟上次__________，有填空、改写句子、完成句子、造句，还有阅读，先看一篇文章，然后回答问题。他让我们明天、后天好好复习，有问题记下来，星期一上课的时候__________他。对了，他还说上次考试我们班有的人成绩不太好，这次应该努力。

山本：我上次考得也不好，这次得好好准备。哎呀，糟糕！明天、后天我得在公司办公室陪经理，报告我的学习情况。

大内：那太好了，先让经理考考你。

课文（五）

1. 听后口头回答问题　Listen and then answer the questions orally

2. 填空　Fill in the blanks

情景：在听力课上，白华老师让同学们做传口令的游戏。

白　华：同学们，今天我们做一个游戏。我告诉第一个同学

______话，他再告诉第二个同学，第二个同学告诉第三个同学。声音要______，不要让别人听见，语速越快越______。谁说错了，我们让他唱一个歌，好不好？

同学们：好！

白 华：现在开始。（对大内）别在船上睡觉，快去床上睡觉。

大 内：别在船上睡觉，快去床上睡觉。

山 本：别在船上睡觉，快去床上睡觉。

艾 米：别在船上睡觉，快去床上睡觉。

彼 得：别在船上睡觉，快去床上睡觉。

贝 拉：别在床上睡觉，快去船上睡觉。

金汉成：别在床上睡觉，快去船上睡觉。

白 华：金汉成，贝拉告诉你什么？

金汉成：别在床上睡觉，快去船上睡觉。

白 华：贝拉，请你大声说一遍。

贝 拉：别在床上睡觉，快去船上睡觉。

彼 得：老师，她说错了，让她唱一个歌。

白 华：贝拉，你唱什么？

贝 拉：唱《世上只有妈妈好》吧。

白 华：好，大家欢迎！

（同学们鼓掌。贝拉唱歌。）

三 听后练习 After Listening

（一）讨论：听通知的时候要注意什么？

Discussion: what should you pay attention to when you listen to a notice?

（二）口头回答问题 Answer the questions orally

（三）做传口令的游戏

Play the game of passing the words of command

四 泛听练习 Extensive Listening

（一）看通知

听后判别正误 Listen and decide if the statements are true or false

（1） （2） （3） （4）

（二）我一定转告她

听后选择正确答案 Listen and choose the correct answer

（1）A B C D

（2）A B C D

（3）A B

(三) 三个通知

听后填表　Listen and fill out the form

1	参观时间	
	参观地点	
	出发时间	
	上车时间	
	上车地点	
2	京剧讲座时间	
	京剧讲座地点	
3	旅行时间	
	旅行地点	
	报名时间	

(四) 老师吃了五碗面条儿

听后选择正确答案　Listen and choose the correct answer

A　　　　B

第十课

这次周末旅行你去吗？

New Words 生词

1. 熟悉	(动)	shúxī	to know sth. or sb. well
2. 导游	(名)	dǎoyóu	tour guide
3. 冰淇淋	(名)	bīngqílín	ice cream
4. 酸奶	(名)	suānnǎi	yogurt
5. 修建	(动)	xiūjiàn	to build, to construct
6. 摄影师	(名)	shèyǐngshī	photographer
7. 终于	(副)	zhōngyú	finally, at long last
8. 白	(副)	bái	in vain, for nothing
9. 保存	(动)	bǎocún	to preserve, to keep
10. 佛像	(名)	fóxiàng	Buddha, an image of Buddha
11. 明明	(副)	míngmíng	obviously, plainly, undoubtedly
12. 可笑	(形)	kěxiào	laughable, ridiculous, funny
13. 服装	(名)	fúzhuāng	dress, clothing

▶ 专名 Proper nouns

1. 云冈石窟	Yúngāng Shíkū	Yungang Grottos
2. 悬空寺	Xuánkōng Sì	Xuankong Temple
3. 国庆节	Guóqìng Jié	National Day

一 听前练习　Before Listening

（一）语音练习　Phonetic practice

1. 听写音节　Syllable dictation

(1) {　　　　(2) {

(3) {　　　　(4) {

(5) {　　　　(6) {

(7) {　　　　(8) {

2. 辨别（请你在练习本上画出听到的音节）

Distinguish (Underline the syllables you hear in the book)

（二）词语练习　Word practice

1. 听句子挑出生词

Listen and choose the new words in the sentences

2. 用本课的生词快速口头回答问题

Answer the questions quickly and orally with the new words of this lesson

（三）句子练习　Sentence practice

1. 听句子口头回答问题

Listen to the sentences and then answer the questions orally

2. 听句子判别正误

Listen and decide if the explanations are right or wrong

(1)	(2)	(3)	(4)
(5)	(6)	(7)	(8)

二 听时练习 While Listening

课文（一）

1. 听后口头回答问题　Listen and then answer the questions orally

2. 填空　Fill in the blanks

情景：山本和贝拉在宿舍谈周末旅行的事。

山本：这次周末旅行你去吗？

贝拉：＿＿＿＿＿＿。我得去学画画儿。

山本：学画画儿？你跟谁学画画儿？

贝拉：一个很有名的画家，是方云天的哥哥给我介绍的。

山本：听说＿＿＿＿＿＿有很多名胜古迹，很值得去。

贝拉：你知道，我特别喜欢旅行，我来中国的一个＿＿＿＿＿＿就是游遍中国的山山水水，更好地了解中国。

山本：这次咱们班的同学都报名了，只有你不去，太遗憾了。你看大内，＿＿＿＿＿＿去过了，这次也报名了。

贝拉：是吗？那让我再想想。

山本：别想了。我建议你跟画画儿的老师请一次假。咱们全班在一起玩儿玩儿，照照相，多有意思啊！

贝拉：好，＿＿＿＿＿＿。

课文(二)

1. 听后口头回答问题 Listen and then answer the questions orally

2. 填空 Fill in the blanks

情景:在去大同的火车上,王欢和同学们高兴地谈着话。

金汉成:哟,外边下上雨了。下雨怎么玩儿啊?真糟糕!

艾 米:游览打着伞,旅行多浪漫!

王 欢:我听天气预报了,大同明天是______。

山 本:王老师,您常去大同吧?

王 欢:已经去过______次了,大同的名胜古迹到处都留下了我的足迹。

贝 拉:您对大同那么熟悉,得给我们好好儿介绍介绍。

王 欢:没问题。不过让我这个高级导游介绍,你们______感谢我呀?

贝 拉:我请您吃冰淇淋。

艾 米:您不是喜欢喝酸奶吗?我请您喝酸奶吧。

大 内:我有巧克力,您吃巧克力吧。

王 欢:你们想让我______,是不是?

课文(三)

1. 听后口头回答问题 Listen and then answer the questions orally

2. 填空 Fill in the blanks

情景：在悬空寺，王欢和同学们一边游览，一边谈话。

王欢：你们看，＿＿＿＿＿＿悬空寺。

艾米：哎呀，真奇怪！这悬空寺是怎么修建的？山本，快给我照张相。

山本：用我这个高级摄影师＿＿＿＿＿＿，你怎么感谢我呀？

艾米：也请你喝酸奶。

山本：你只有酸奶，没有别的了？

艾米：还有巧克力。快照吧。

山本：你站在那儿，往左边一点儿。对，笑一笑。

艾米：大内，你照不照？

大内：照。上次我来的时候，悬空寺＿＿＿＿＿＿修理呢，我特别遗憾，一直想再照一张。

王欢：今天你终于如愿以偿了。

大内：你说什么？什么是“如愿以偿”？

王欢：你又学了一个新词。“如愿以偿”的意思就是实现了自己的＿＿＿＿。

课文(四)

1. 听后口头回答问题　Listen and then answer the questions orally

2. 填空　Fill in the blanks

情景：他们继续在悬空寺游览。

大　内：我很想再来悬空寺，＿＿＿＿＿＿终于如愿以偿了。

王　欢：对，你学得很快。

金汉成：看来，＿＿＿＿＿＿学习比在＿＿＿＿＿＿里学习好。

贝　拉：你别跟我们回去了。天天在外边逛吧。

金汉成：那我的学费不是＿＿＿＿＿＿了吗？

艾　米：王老师，悬空寺有多少年的历史了？

王　欢：＿＿＿＿＿＿多年。经过这么多年的风风雨雨，它保存得这么好，很不容易。

山　本：是啊，经过这么多年的风风雨雨，它保存得这么好，真不容易。

大　内：我们昨天参观的云冈石窟，比这还早，有＿＿＿＿＿＿多年的历史了。

艾　米：石窟的一千多个大佛像经过这么多年的风风雨雨，保存到今天，真不容易。

王　欢：我发现你们很会＿＿＿＿＿＿，都很聪明。

课文（五）

1. 听后口头回答问题　Listen and then answer the questions orally

2. 填空　Fill in the blanks

情景：在回来的火车上，王欢和同学们聊天。

王　欢：来中国两个多月了，你们去过哪些地方了？

金汉成：在北京我去过很多地方，参观过＿＿＿公园，游览过长城和故宫，曾经在颐和园划过船，也曾经在动物园跟大熊猫照过相。

山　本：以前我去过上海、苏州和杭州。

艾　米：来北京以前我去过______。

金汉成：听说上海的名胜古迹不太多，是不是？

艾　米：可是上海的商店很多，有很多好吃的东西，还非常______。

贝　拉：我打算学习结束以后到中国各地旅游，游遍中国的山山水水，好玩儿的地方都去一去，好吃的东西都吃一吃。

金汉成：贝拉小姐，你想当第二个马可·波罗吧？

贝　拉：应该说，第二个马可·波罗一定是贝拉小姐。

三　听后练习　After Listening

（一）听短文　Listen to the short passage

（二）听后快速口头回答问题
Listen and then answer the questions quickly and orally

（三）听后说出这个短文和课文（二）（三）（四）有什么不同
Listen and tell the difference between this short passage and texts (2), (3), (4)

（四）复述这个短文　Retell this short passage

四 泛听练习 Extensive Listening

(一) 去天津

听后判别正误 Listen and decide if the statements are true or false

(1) (2) (3) (4) (5) (6)

(二) 这倒是个好主意

听后判别正误 Listen and decide if the statements are true or false

(1) (2) (3) (4) (5) (6)

(三) “孩子”掉了

听后选择正确答案 Listen and choose the correct answer

A B C D

(四) 还有时间游览吗？

听后选择正确答案 Listen and choose the correct answer

A B

聆听理解
综合测试卷

第一部分

1. A. 他准备来了。
   B. 他不会来的。
   C. 过一会儿他可能来。
   D. 过一会儿他一定来。

2. A. 他不太想去。
   B. 他有时间去。
   C. 他想去可是没有时间。
   D. 他想有时间的时候再去。

3. A. 妈妈给孩子买到了书包。
   B. 妈妈在外面玩儿了一天。
   C. 妈妈为买书包花了好多时间。
   D. 妈妈想给邻居的孩子买书包。

4. A. 一个小时。
   B. 一个半小时。
   C. 两个小时。
   D. 两个半小时。

5. A. 他的旅行包被别人拿错了。
   B. 他把别人的旅行包拿错了。
   C. 他的旅行包和别人的一样。
   D. 别人帮他拿旅行包。

6. A. 大家都考得很好。
   B. 大家都考得不好。
   C. 只有他考得很好。
   D. 只有他考得不好。

7. A. 他想去看这个电影。
   B. 他看了这个电影。
   C. 他想这个电影一定好看。
   D. 他还没想好去不去看这个电影。

8. A. 她想住这间屋子。
   B. 我想住这间屋子。
   C. 这间屋子变化很大。
   D. 这间屋子变化不大。

9. A. 我想改变主意不等他了。
   B. 他改变主意，不来了。
   C. 我等了不大一会儿就回去了。
   D. 我等了很久，他才来。

10. A. 学习。
    B. 工作。
    C. 找工作。
    D. 边学习边工作。

11. A. 图书馆。
B. 书店。
C. 商店。
D. 教室。

12. A. 他们已经坐上了火车。
B. 他们坐的火车晚点了。
C. 他们去晚了，没赶上火车。
D. 他们要去坐火车。

13. A. 一种。
B. 两种。
C. 三种。
D. 四种。

14. A. 朝东的。
B. 朝南的。
C. 朝西的。
D. 朝北的。

15. A. 冬天。
B. 秋天。
C. 夏天。
D. 春天。

第二部分

16. A. 他不知道要准备什么。
B. 他要帮三个人干活。
C. 他一个人要干很多活。
D. 有三个人和他一起准备。

17. A. 他病了。
B. 学习太累了。
C. 不想吃饭。
D. 考试成绩不好。

18. A. 十排的票很好。
B. 坐十排有点儿远。
C. 坐十排有点儿近。
D. 买哪排都可以。

19. A. 吃惊。
B. 夸张。
C. 满意。
D. 生气。

20. A. 认为坐火车好。
B. 认为坐飞机好。
C. 不同意女的说的。
D. 同意女的说的。

21. A. 她病了。
B. 她的病好了。
C. 她买了好吃的东西。
D. 她想去买吃的东西。

22. A. 说话的两个人是夫妻。
B. 男的年纪比较大。
C. 女的认为衣服的颜色不错。
D. 女的想给爱人买这样的衣服。

23. A. 圆明园。
B. 香山。
C. 长城。
D. 北海公园。

24. A. 他们打算去南方玩儿。
B. 他们在南方玩儿了好几天了。
C. 他们拿定主意不去南方了。
D. 他们不想让玛丽一起去。

25. A. 1 个小时 45 分钟。
B. 两个小时。
C. 两个小时 15 分钟。
D. 两个半小时。

26. A. 他开了一夜的汽车。
B. 他夜里病了。
C. 他夜里学习。
D. 他夜里工作。

27. A. 看不出他的态度。
B. 考虑以后再说。
C. 答应了。
D. 没有答应。

28. A. 他常常帮助女的。
B. 他让女的别客气。
C. 谁有困难，他就帮助谁。
D. 他不知道谁帮助了女的。

29. A. 认为确实像她说的那样。
B. 认为她说得太夸张。
C. 认为她在吹牛。
D. 认为她说的不完全对。

30. A. 她病了。
B. 她生气了。
C. 她没休息好。
D. 她受到批评了。

31. A. 小王要去拿字典。
B. 老张有字典。
C. 小王可能认识这个字。
D. 老张认识的字很多。

32. A. 他弟弟可以修电视机。
B. 他弟弟不会修电视机。
C. 电视机应该送到工厂修。
D. 电视机应该送到修理店修。

33. A. 他不同意给别人写字。
B. 他同意给别人写字。
C. 他说自己的字写得不好。
D. 他说自己不会写字。

34. A. 上午 9 点左右。
B. 中午 12 点左右。
C. 下午 3 点左右。
D. 下午 6 点左右。

35. A. 认为天气很冷。
B. 认为天气很好。
C. 他也认为天气不正常。
D. 认为春天来得很早。

第三部分

36. A. 他自己找到的。
B. 他的同学介绍的。
C. 李老师介绍的。
D. 白老师介绍的。

37. A. 周二。
B. 周三。
C. 周四。
D. 周五。

38. A. 山本已经决定用什么书。
B. 老师决定以后告诉山本。
C. 山本决定以后告诉老师。
D. 山本和老师商量以后再决定。

39. A. 没吃过，这是第一次。
B. 吃过一次，这是第二次。
C. 吃过五六次了。
D. 吃过十几次了。

40. A. 凉菜。
B. 热菜。
C. 汤。
D. 酒。

41. A. 感谢朋友。
B. 要回国了。
C. 考完试了。
D. 过生日。

42. A. 骑车。
B. 走路。
C. 滑雪。
D. 滑冰。

43. A. 他的腿还好不了。
B. 他心里害怕。
C. 没有兴趣。
D. 没有时间。

44. A. 50℃。
B. 70℃。
C. 100℃。
D. 150℃。

45. A. 35℃以上。
B. 39℃以上。
C. 35℃~39℃。
D. 40℃以上。

46. A. 他太矮了。
B. 他的工资不高。
C. 他对姑娘不满意。
D. 没有结婚用的房子。

47. A. 他觉得姑娘不漂亮。
B. 他想自己找对象。
C. 现在他还不想谈恋爱。
D. 他已经找到合适的对象了。

48. A. 母亲。
B. 亲戚。
C. 邻居。
D. 同事。

49. A. 多喝热水。
B. 多喝凉水。
C. 少喝几次，每次喝的水要多。
D. 多喝几次，每次喝的水要少。

50. A. 对胃不好。
B. 对身体不好。
C. 不再出汗。
D. 会觉得特别累。

词汇总表

B

白	（副）	bái	10
包裹	（名）	bāoguǒ	6
保存	（动）	bǎocún	10
保龄球	（名）	bǎolíngqiú	7
标准	（形、名）	biāozhǔn	7
冰淇淋	（名）	bīngqílín	10
播送	（动）	bōsòng	3

C

肠炎	（名）	chángyán	5
超市	（名）	chāoshì	8
炒	（动）	chǎo	4
传口令		chuán kǒulìng	9
传真	（名）	chuánzhēn	6
错误	（名）	cuòwù	9

D

打算	（动）	dǎsuàn	8
大声		dà shēng	1
单子	（名）	dānzi	6
导游	（名）	dǎoyóu	10
地区	（名）	dìqū	3
地铁	（名）	dìtiě	2

地址	（名）	dìzhǐ	6
顶风		dǐng fēng	3
堵车		dǔ chē	2
段	（量）	duàn	7

F

发车		fā chē	2
风力	（名）	fēnglì	3
风向	（名）	fēngxiàng	3
佛像	（名）	fóxiàng	10
服装	（名）	fúzhuāng	10

G

干燥	（形）	gānzào	3
赶快	（副）	gǎnkuài	9
歌舞	（名）	gēwǔ	9
格	（名）	gé	5
广播站	（名）	guǎngbōzhàn	9
柜台	（名）	guìtái	4

H

号码	（名）	hàomǎ	3
盒	（名）	hé	5
后悔	（动）	hòuhuǐ	8
胡说	（动）	húshuō	1
护照	（名）	hùzhào	8
划价		huà jià	5
画家	（名）	huàjiā	2
黄	（形）	huáng	1
黄瓜	（名）	huángguā	4

	回信	（名）	huíxìn	6
	火车	（名）	huǒchē	2
J	鸡蛋	（名）	jīdàn	4
	级	（量）	jí	3
	加油	（动）	jiāyóu	2
	假条	（名）	jiàtiáo	5
	讲解	（动）	jiǎngjiě	9
	脚	（名）	jiǎo	5
	阶梯	（名）	jiētī	9
	经验	（名）	jīngyàn	2
	精彩	（形）	jīngcǎi	9
	纠正	（动）	jiūzhèng	7
	决定	（动）	juédìng	3
K	咖啡	（名）	kāfēi	1
	烤鸭	（名）	kǎoyā	2
	科	（名）	kē	5
	可笑	（形）	kěxiào	10
	克	（量）	kè	6
	空气	（名）	kōngqì	3
	快件	（名）	kuàijiàn	6
L	蓝	（形）	lán	1
	老板	（名）	lǎobǎn	3
	绿	（形）	lǜ	1

M	满	（形）	mǎn	1
	门	（量）	mén	7
	名片	（名）	míngpiàn	6
	明明	（副）	míngmíng	10
	明信片	（名）	míngxìnpiàn	6
N	难受	（形）	nánshòu	5
	内科	（名）	nèikē	5
	内容	（名）	nèiróng	9
	嫩	（形）	nèn	4
	牛仔裤	（名）	niúzǎikù	8
	农贸	（名）	nóngmào	4
	女士	（名）	nǚshì	8
P	怕	（动）	pà	2
	排队		pái duì	8
	陪	（动）	péi	1
	品名	（名）	pǐnmíng	4
	破	（动、形）	pò	5
Q	其实	（副）	qíshí	6
	奇怪	（形）	qíguài	2
	墙壁	（名）	qiángbì	8
	巧克力	（名）	qiǎokèlì	4
R	人员	（名）	rényuán	9
	荣幸	（形）	róngxìng	2

S

上升	（动）	shàngshēng	8
摄影师	（名）	shèyǐngshī	10
生气	（动）	shēngqì	1
什么的	（代）	shénmede	7
实在	（形）	shízai	4
熟悉	（动）	shúxī	10
顺风		shùn fēng	3
死	（动）	sǐ	7
酸奶	（名）	suānnǎi	10
孙子	（名）	sūnzi	7
所有	（形）	suǒyǒu	8

T

摊儿	（名）	tānr	4
特点	（名）	tèdiǎn	9
特快专递		tèkuài zhuān dì	6
替	（介、动）	tì	9
天鹅	（名）	tiān'é	8
停	（动）	tíng	2
头班车	（名）	tóubānchē	2
土豆	（名）	tǔdòu	4
团	（名）	tuán	9

W

外科	（名）	wàikē	5

X

西红柿	（名）	xīhóngshì	4
洗衣机	（名）	xǐyījī	8
香皂	（名）	xiāngzào	8

信封	（名）	xìnfēng	6
信筒	（名）	xìntǒng	6
信息	（名）	xìnxī	7
信箱	（名）	xìnxiāng	6
姓名	（名）	xìngmíng	6
修建	（动）	xiūjiàn	10

Y

牙膏	（名）	yágāo	8
颜色	（名）	yánsè	1
药店	（名）	yàodiàn	5
药房	（名）	yàofáng	5
叶子	（名）	yèzi	1
一会儿	（名、副）	yíhuìr	1
一块儿	（副）	yíkuàir	1
以为	（动）	yǐwéi	5
艺术	（名）	yìshù	9
优先	（形）	yōuxiān	8
游戏	（名）	yóuxì	9
有的是		yǒudeshì	1
有名	（形）	yǒumíng	2
语速	（名）	yǔsù	9
约	（动）	yuē	3
运气	（名）	yùnqì	8

Z

摘	（动）	zhāi	3
粘	（动）	zhān	4
展览	（动、名）	zhǎnlǎn	2

找	（动）	zhǎo	4
这会儿	（名）	zhèhuìr	1
诊室	（名）	zhěnshì	5
整	（形）	zhěng	4
正好	（形、副）	zhènghǎo	7
正确	（形）	zhèngquè	7
值	（动）	zhí	4
终于	（副）	zhōngyú	10
住址	（名）	zhùzhǐ	6
转告	（动）	zhuǎngào	9
准	（形）	zhǔn	2
紫	（形）	zǐ	1
字典	（名）	zìdiǎn	7
最后	（名）	zuìhòu	7

专名 Proper nouns

G

国庆节	Guóqìng Jié	10

O

欧美	Ōu Měi	7

X

悬空寺	Xuánkōng Sì	10
雪碧	Xuěbì	4

Y

亚运村	Yàyùncūn	7
愚公	Yúgōng	7
云冈石窟	Yúngāng Shíkū	10

Z

智叟	Zhìsǒu	7

北大版对外汉语教材·短期培训系列

速成汉语基础教程

Speed-up Chinese

主编 杨惠元
编著 杨惠元 陈 军 毛 悦 余文青

◆ 录音文本
◆ 参考答案
◆ 学习指导

·听力课本·
Listening Book

2
学习指导

北京大学出版社
PEKING UNIVERSITY PRESS

CONTENTS

目录

第 1 课 那个公园远不远？

学习目的

（一）听懂约会和游览公园的话题。

（二）微技能训练：提高辨别分析的能力、联想猜测的能力和概括总结的能力。

学习内容

（一）16 个生词，精听课文 5 段，泛听课文 4 段。

（二）辨音辨调，听辨词语和句子。

一 听前练习

（一）语音练习

1. 听写音节

（1）gōngyuán 公园 / guǒyuán 果园

（2）huángjīn 黄金 / huánjìng 环境

（3）jiāoqū 郊区 / jiào qū 叫屈

（4）qìchē 汽车 / qí chē 骑车

（5）yánsè 颜色 / yǎnsè 眼色

（6）zhuóxiǎng 着想 / zhào xiàng 照相

（7）xīnkǔ 辛苦 / xìngfú 幸福

（8）shūfu 舒服 / shīfu 师傅

2. 学生朗读听写的音节

3. 辨别（在练习本上画出听到的音节）

公园　环境　郊区　汽车　颜色　照相　幸福　舒服

（二）词语练习

听句子挑出生词（画线的部分），教师讲解生词

（1）我不喜欢喝咖啡。
（2）你陪我去商店行吗？
（3）公园里有很多花儿，红的、黄的、蓝的、紫的，好看极了。
（4）这是什么颜色？
（5）咱们一块儿去吧。
（6）这会儿食堂里人太多。
（7）山本有的是钱，今天他请客。
（8）她不喜欢花儿，喜欢绿叶子。
（9）我想休息一会儿。
（10）教室里坐满了学生。
（11）请你大声回答。
（12）他生气地说：“你胡说！”

（三）句子练习

听句子判别正误

（1）丁兰说：“想我？是想跟我练习说汉语吧？”意思是你不是想我。（√）

（2）艾米说：“方云天的家前边有条河，后边有座山；左边是果园，右边是菜地。有山有水，还有花儿。”意思是方云天家的环境很好，是个好地方。（√）

（3）艾米说："咱们一块儿照吧，请那位小姐帮帮忙。"意思是咱们一块儿给那位小姐照一张相。（×）

（4）"在那个地方只能说英语，不能说汉语。"意思是那个地方的人都说英语，不会说汉语。（×）

（5）"我就是有点儿咳嗽。"意思是我只是有点儿咳嗽。（√）

（6）"这几天一边吃药一边休息，好多了。"意思是一边吃药一边休息很好。（×）

二　听时练习

课文（一）

听前提示：谁和谁在哪儿谈话？

情景：艾米来到丁兰的宿舍。

丁兰：谁呀？

艾米：我，艾米。

丁兰：（开门）是你呀？里边坐，坐这儿。

艾米：好。

丁兰：我这儿有茶、咖啡、可口可乐，你喝点儿什么？

艾米：喝茶吧，什么茶？

丁兰：乌龙茶。你今天怎么有空儿到我这儿来？

艾米：想你了。

丁兰：想我？是想跟我练习说汉语吧？

艾米：今天不是。

1. 听后口头回答问题

（1）谁和谁在哪儿谈话？

（2）艾米今天来到丁兰的宿舍是想跟她练习说汉语吗？

2. 填空

艾米、好、茶、茶、想你、不是

课文(二)

听前提示：艾米想请丁兰陪她去做什么？

情景：艾米想请丁兰陪她去公园看花儿。

艾米：听说你和大内昨天去公园了，是吗？

丁兰：是啊，我们去看花儿了。

艾米：好看吗？

丁兰：好看极了。你也想去吗？

艾米：那个公园远不远？

丁兰：不远，就在郊区，离方云天家很近。

艾米：是吗？那儿的环境很好。

丁兰：你去过方云天家？

艾米：没有，听方云天说过，他家前边有条河，后边有座山；左边是果园，右边是菜地。有山有水，还有花儿。

1. 听后口头回答问题

(1) 丁兰和大内昨天去哪儿了？

(2) 那个公园在哪儿？

(3) 方云天家的环境怎么样？

(4) 艾米去过方云天的家吗？

2. 填空

看花儿、好看、不远、河、山、花儿

课文（三）

听前提示：课文中有几个话题？是什么？

情景：艾米和丁兰来到公园。

丁兰：艾米，快来，你看这儿。

艾米：这儿的花儿真漂亮，红的、黄的、蓝的、白的，那是什么颜色？

丁兰：紫的。在这儿照张相吧，来，我给你照。

艾米：咱们一块儿照吧，请那位小姐帮帮忙。

丁兰：行。（对一位游人）小姐，请帮帮忙，好吗？

小姐：好。笑一笑，一、二，好了。

丁兰：谢谢。

小姐：不客气。

艾米：请等一下儿。你在左边，我在右边，再照一张。

丁兰：这会儿照相的人多了，别照了。那边的花儿更好看，咱们去那边照吧。

1. 听后口头回答问题

课文里有几个话题？是什么话题？

2. 选颜色

下面哪种颜色的花儿课文里没有？

3. 填空

红、白、一块儿、谢谢、左边、右边、那边

课文（四）

听前提示：艾米和丁兰在公园里看见了什么？

情景：艾米和丁兰继续在公园玩儿。

艾米：丁兰，你看，那边照相的是一家人吧？

丁兰：我想是。

艾米：一、二、三、四……，一共十二口人。

丁兰：这是一个幸福的大家庭。

艾米：坐在中间的老奶奶有八十多岁了吧？

丁兰：有八十多了。可是她的身体很好。

艾米：你看，那边儿那些年轻人在做什么？

丁兰：他们在那儿练习说英语。在那个地方只能说英语，不能说汉语。你想不想跟他们谈谈？

艾米：不想。我只想说汉语，不想说英语。

1. 听后口头回答问题

艾米和丁兰在公园里看见了什么？

2. 填空

是、十二、大、八十、八十、英语、英语、汉语

课文（五）

听前提示：课文中有几个话题？是什么？

情景：艾米和丁兰在公园遇见方龙。

丁兰：艾米，你看，方老师也来了。

艾米：真的。方老师，听说您最近身体不太舒服，是吗？

方龙：就是有点儿咳嗽。

艾米：现在好了吗？

方龙：这几天一边吃药一边休息，好多了。你们什么时候来的？

丁兰：刚来。方老师，这位是——？

方龙：我来介绍一下。这是我母亲。（对母亲介绍）她们是我们学校的学生。

艾米：方老师，我们叫她方奶奶行吗？

方龙：可以。

艾米：方奶奶，您好！

奶奶：你们好！

丁兰：方老师，我们一起照张相吧。

方龙：好。

艾米：奶奶和方老师坐在中间。

1. 听后口头回答问题

课文里有几个话题？是什么话题？

2. 填空

方老师、休息、可以、中间

三　听后练习

（一）选择正确答案

1. 艾米为什么来到丁兰的宿舍？

A. 来看丁兰

B. 来跟丁兰练习说汉语

C. 想请丁兰陪她一起去公园※

2. 那个公园在哪儿？

A. 在一个环境很好的地方

B. 在一个有花儿的地方

C. 在郊区，离方云天家不远※

3. 艾米说："你在左边，我在右边，再照一张。"丁兰为什么说"别照了"？

A. 她不喜欢照相

B. 这会儿照相的人多了※

C. 她不喜欢在左边照

4. 艾米为什么说"只想说汉语，不想说英语"？

A. 她不想跟那些年轻人谈话

B. 她不会说英语

C. 她在中国要练习说汉语※

（二）快速口头回答问题

1. 方云天家的环境怎么样？他家前边有什么？后边有什么？左边是什么？右边是什么？

2. 方龙最近身体怎么样？现在好了吗？是怎么好的？

3. 跟方老师和方奶奶照相时艾米和丁兰在什么位置？

四 泛听练习

（一）明天去北海公园

山本：王才，明天咱们去北海公园怎么样？

大内：听说北海公园是北京城里最漂亮的公园，是吗？

王才：对。我好久没去了，也想去那儿逛逛。咱们什么时候去？
大内：上午去怎么样？
山本：下午还可以去景山公园。
王才：好，上午北海，下午景山。你们会骑车吗？
大内：山本会，我不会。
山本：我带着她。
王才：不行，在中国不能骑车带人。
山本：大内有的是钱，她可以交罚款。
大内：我没钱，你才有钱呢。
山本：咱们打的去吧。

听后选择正确答案

(1) 明天他们去哪儿？

A. 上午景山，下午北海　　B. 上午北海，下午景山※

(2) 什么公园是北京城里最漂亮的公园？

A. 北海公园※　　B. 景山公园

(3) 他们怎么去？

A. 骑自行车去　　B. 坐出租车去※

(二) 公园里有很多花儿

红红、华华和兰兰一起去公园看花儿。公园里有很多花儿，红的、黄的、蓝的、白的，好看极了。红红喜欢黄花儿，华华喜欢红花儿，兰兰不喜欢红花儿、黄花儿，也不喜欢蓝花儿、白花儿，她喜欢绿叶子。

听后连线：她们各喜欢什么？

红红	绿叶子
华华	红花儿
兰兰	黄花儿

（三）我有你这样的儿子吗？

一个星期六的下午，张大爷和女儿美玲在景山公园散步。美玲去小卖部买可口可乐。张大爷想坐下休息一会儿，可是公园的椅子上坐满了人。他看见不太远的地方有个长椅子上只坐着一个年轻人，就走过去，说："对不起，我在这儿坐一会儿行吗？"年轻人大声说："不行，这儿有人坐。"这时，那个年轻人看见美玲走来，就笑着说："请坐，这儿没有人。"老人生气地问："你不是说这儿有人吗？"年轻人回答："我说的人就是她，她是我妹妹。"张大爷更生气了："你胡说！她是我女儿。我有你这样的儿子吗？"

听后判别正误

（1）"公园的椅子上坐满了人。"意思是公园的椅子上没有空的座位。（√）

（2）"他看见不太远的地方有个长椅子上只坐着一个年轻人。"意思是他看见很多老人坐在长椅子上，里边只有一个是年轻人。（×）

（3）年轻人不让张大爷坐，因为他有一个妹妹一会儿来坐。（×）

（4）年轻人让美玲坐在他旁边，因为他喜欢跟姑娘坐在一起。（√）

（5）张大爷说："我有你这样的儿子吗？"意思是我没有你这样的儿子。（√）

（四）你爸爸叫什么名字？

一个三岁的孩子去办公室找他的爸爸，可是他不知道爸爸的名字。白老师问他："你爸爸叫什么？"他说："不知道。"白老师又问："你家有几口人？""四口，奶奶、爸爸、妈妈和我。""你奶奶叫他什么？""奶奶叫他孩子。""妈妈叫他什么？""妈妈叫他老公。""你呢？你叫他什么？"孩子说："我叫他爸爸呀！"

听后连线：孩子说家里的人各自称呼"他"什么？

奶奶	爸爸
妈妈	孩子
我	老公

第2课　你什么时候有时间？

学习目的

（一）听懂关于时间的话题。

（二）微技能训练：提高辨别分析的能力、联想猜测的能力和检索监听的能力。

学习内容

（一）17个生词，精听课文5段，泛听课文6段。

（二）辨音辨调，听辨词语和句子。

一　听前练习

（一）语音练习

1. 听写音节

（1）jīngyàn 经验 / jīngyán 精盐

（2）zhǎnlǎn 展览 / zhānglánɡ 蟑螂

（3）huǒchē 火车 / huòchē 货车

（4）jiā yóu 加油 / jiāoyóu 郊游

（5）zhǔnshí 准时 / zhēnshí 真实

（6）dānwù 耽误 / dǎngwù 党务

（7）jiéshù 结束 / jièshào 介绍

（8）huàzhǎn 画展 / huāzhǎn 花展

2. 学生朗读听写的音节

3. 辨别（在练习本上画出听到的音节）

经验　展览　货车　郊游　真实　耽误　结束　画展

（二）词语练习

1. 听句子挑出生词，教师讲解生词

（1）杨文中是个有名的画家。

（2）我怕堵车，今天骑自行车来的。

（3）方老师教汉语很有经验，请他辅导我，我感到非常荣幸。

（4）我坐地铁去杨老师家。

（5）你想看展览吗？

（6）你吃过北京烤鸭吗？

（7）我的表停了，你的表几点了？

（8）你的表准吗？我的表慢三分钟。

（9）你坐火车去还是坐飞机去？

（10）头班车几点发车？

（11）我很奇怪，贝拉的中国画儿怎么画得那么好。

（12）观众在为运动员鼓掌加油。

2. 辨别非同类词语（请你把各组词语中不是同类的词语挑出来）

（1）红　黄　蓝　白　黑　紫　绿　颜色

（2）大　小　多　少　长　短　快　慢　怕　准

（3）怕　停　来　去　打　踢　学　教　送　画　堵车

（4）两小时　两点半　三点十分　四点二十五分　八点一刻

五点四十六分　差五分七点

（5）两小时　两天半　十分钟　半个小时　<u>三点半</u>
一个星期　四个月　三年

（6）10 月 14 号　5 月 8 号　6 月 1 号　4 月 19 号
7 月 30 号　<u>8 个月</u>　12 月 31 号

（7）<u>一个星期</u>　星期一　星期二　星期三　星期四
星期五　星期六　星期日　星期天

（三）句子练习

听句子判别正误

（1）"我有一个朋友是画家。"意思是我只有一个朋友，他是画家。（×）

（2）"你什么时候过生日？到时候我一定送你一张画儿。"意思是到你的生日的时候我送你一张画儿。（√）

（3）"我刚要出来的时候，接到一个朋友的电话。"意思是我从家里出来接一个朋友的电话。（×）

（4）"这个画展下星期三结束，每天上午八点半到下午四点半。"这句话告诉我们什么时候可以去看画展。（√）

（5）"我的表八点，可是我的表不太准，可能慢四分。"现在是差四分八点。（×）

（6）"我的表八点，可是我的表不太准，可能快三分。"现在是八点三分。（×）

二　听时练习

课文（一）

听前提示：谁给谁打电话？说什么？注意课文中的时间。

情景：方云明给贝拉打电话，给她介绍一位教中国画儿的老师。

方云明：喂，北京语言大学 14 楼 325 号房间吗？

贝　拉：是，你找谁呀？

方云明：贝拉在吗？

贝　拉：我就是。你哪位？

方云明：我是方云明，听说你想学习中国画儿。我有一个朋友是画家，他可以教你。

贝　拉：太好了，我什么时候可以见他？

方云明：明天晚上七点，在我家，好吗？

贝　拉：我一定准时到。

方云明：明天见！

贝　拉：明天见！

1. 听后口头回答问题

（1）谁给谁打电话？

（2）跟贝拉说什么事？

（3）贝拉的房间号是多少？

（4）贝拉跟画家什么时候见面？

（5）在哪儿见面？

2. 填空

325、中国、七、一定

课文（二）

听前提示：谁和谁谈话？谈什么？注意时间。

情景：第二天晚上，画家杨文中先来到方云明家。在等贝拉的时候，杨文中跟小虎谈话。

小　虎：杨叔叔，你画的老虎真好看，给我画一张行吗？

杨文中：没问题。你什么时候过生日？到时候我一定送你一张。

小　虎：我的生日是10月14号。

杨文中：你现在还去幼儿园吗？

小　虎：去，再去半年就上小学了。

杨文中：你每天几点去幼儿园？

小　虎：七点，爸爸送我去。

杨文中：晚上有人接你吗？

小　虎：五点半爸爸接我回家。

杨文中：你妈妈呢？

小　虎：她每天六点半去上班，七点多才回来，没有时间接我。

1. 听后口头回答问题

(1) 小虎让杨文中画什么？

(2) 杨文中答应什么时候送给他？

(3) 小虎的生日是什么时候？

(4) 小虎现在上幼儿园还是上小学？

(5) 他什么时候上小学？

(6) 小虎每天几点去幼儿园？

(7) 爸爸几点接他回家？

(8) 为什么他妈妈不接他回家？

2. 填空

老虎、10月14号、半年、七点、五点半、六、七

课文(三)

听前提示：注意时间。

情景：七点钟，贝拉准时来到方云明家，她跟画家见面。

方云明：贝拉，你来得真准时。

贝　拉：我刚要出来的时候，接到一个朋友的电话。我怕耽误你们的时间，打的来的。

方云明：路上堵车吧？

贝　拉：可不是。我六点十分出来的，走了五十分钟。

方云明：我来介绍一下。这位就是贝拉，意大利学生。这位是我的好朋友杨文中。

贝　拉：您好，杨老师！

杨文中：你好！听说你对中国画儿有兴趣？

贝　拉：我特别喜欢中国画儿，可是不会画。

方云明：杨老师的画儿很有名，他教画画儿非常有经验。

贝　拉：太好了，请您当老师我感到很荣幸！

1. 听后选择正确答案

（1）贝拉几点到方云明家？

A. 六点十分　　B. 六点五十分　　C. 七点※

（2）贝拉在路上走了多长时间？

A. 十分钟　　B. 五十分钟※　　C. 六十五分钟

2. 填空

打的、六点十分、五十、中国画儿、有名、荣幸

课文（四）

听前提示：注意时间和地点。

情景：贝拉跟杨老师商量学习时间和地点。

贝　拉：杨老师，您什么时候有时间？

杨文中：星期六、星期日我有时间。你呢？

贝　拉：我星期六、星期日也有时间。咱们一个星期一次，上午行吗？

杨文中：行。几点？

贝　拉：九点到十一点，每次两个小时。这个星期日开始好吗？

杨文中：好。你到我家来学怎么样？

贝　拉：您家在哪儿？

杨文中：我住在工人体育场南门西边。

贝　拉：我住郊区，您住市区。我怎么去呢？

杨文中：坐公共汽车、坐地铁都行。

贝　拉：公共汽车和地铁都很挤，我还是骑车吧。

杨文中：骑车得一个多小时，太累了。

贝　拉：没关系。我喜欢骑车，骑车方便。

1. 听后选择正确答案

（1）贝拉什么时候去杨老师家学画画儿？

A. 星期一上午九点　　B. 星期六上午九点

C. 星期日上午九点※

（2）杨老师家在哪儿？

A. 工人体育场南门西边※　　B. 工人体育场西门南边

C. 工人体育场西门西边

（3）贝拉怎么去杨老师家？

A. 坐公共汽车　　B. 坐地铁　　C. 骑自行车※

2. 填空

上午、九、十一、西边、方便

课文（五）

听前提示：注意时间和数字。

情景：他们谈杨文中的画展。

方云明：贝拉，你知道吗？杨老师的画儿正在展览。你想看吗？

贝　拉：当然想。要票吗？

杨文中：我有票。你要几张？

贝　拉：我想请一个朋友跟我一起去，两张行吗？

杨文中：没问题，给你。

贝　拉：（接过票看票）这个画展下星期三结束。每天上午八点半到下午四点半。

杨文中：你什么时候去看？

贝　拉：这个星期六怎么样？

杨文中：好，这个星期六我全天都在那儿。你可以去找我。

1. 听后选择正确答案

（1）杨文中给贝拉几张票？

A. 一张　　B. 两张※　　C. 三张

（2）画展每天几点展览？

A. 八点到四点　　B. 八点半到四点

C. 八点到四点半　　D. 八点半到四点半※

（3）贝拉星期几去看画展？

A. 这个星期三　　B. 这个星期六※

C. 下个星期三　　D. 下个星期六

2. 填空

正在、朋友、八点半、四点半、全天

三 听后练习

（一）再听一遍课文（四），然后介绍贝拉跟杨文中商量学习时间和地点的情况

（二）检索听

1. 听前提示：

北京到S市的动车一个小时十分钟，普通快车两个小时。5个人都去S市，教师给每个学生分配角色（A、B、C、D、E）。

（1）A上午十一点半在S市跟一个朋友见面。

（2）B十点十分到北京站，想马上出发，动车、普通快车都可以。

（3）C中午到北京站，想吃完午饭出发，下午三点以前到S市。

（4）D下午五点到北京站，想坐动车。

（5）E也是下午五点到北京站，想坐普通快车。

2. 学生听服务员和旅客的对话，注意北京到S市的车次和发车时间。按老师分配给自己的角色边听边检索出适合自己的车次并记住发车时间。

旅　客：请问，去S市的火车一天有几次？几点发车？

服务员：10次：动车231次早上8:05发车；普通快车601次8:42发车；动车233次9:10发车；普通快车611次11:00发车；动车235次13:25发车；动车237次16:50发车；普通快车631次17:35发车；动车239

次 17:50 发车；普通快车 621 次 18:33 发车；动车 241 次19:46 发车。

旅　客：对不起，请您说慢一点儿，再说一遍。

服务员：（录音又重复一遍，语速稍慢）。

3. 向老师报告适合自己的车次和时间。

A. 动车 233 次 9:10 发车；　B. 普通快车 611 次 11:00 发车；

C. 动车 235 次 13:25 发车；D. 动车 239 次 17:50 发车；

E. 普通快车 613 次 17:35 发车。

四　泛听练习

（一）去看足球比赛

山本：喂，是王老师吗？听说你是个足球迷，我买了两张明天足球比赛的票。

王欢：太好了！是中国队对意大利队吧？

山本：中国队对 AC 米兰。

王欢：几点？

山本：七点一刻。我想早点儿走，咱们去附近逛逛。

王欢：好。在哪儿见面？

山本：下午两点在西直门 375 路车站，怎么样？

王欢：行，一言为定。

听后选择正确答案

（1）他们几点钟见面？

A. 七点一刻　　　　B. 两点※

（2）他们在哪儿见面？

A. 体育场　　　　B. 西直门车站※

（二）王欢放心了

星期六中午吃完午饭，王欢想休息一会儿，突然听见妈妈对他说："快起床，别睡了！"王欢看了看表，哎呀，差一刻两点。他很快地跑到车站，两点十分到了西直门，迟到了十分钟。王欢想，山本一定不高兴了。这时，他看见山本刚从出租车里出来。山本也没准时到，王欢放心了。

听后选择正确答案

（1）王欢几点到的西直门？

A. 差一刻两点　　　　B. 两点十分※

（2）山本几点到的西直门？

A. 两点十分※　　　　B. 两点二十

（三）礼堂有电影

昨天晚上七点礼堂有电影。差五分七点我到了礼堂，可是电影已经开演了。为什么呢？我的表慢了一刻钟。

听后判别正误

（1）昨天晚上礼堂有电影，差五分七点开演。　（×）

（2）我的表慢了十五分钟。　（√）

（3）我到礼堂的时间是七点五十五分。　（×）

（4）我到礼堂的时间是七点十分。　（√）

(四) 我的表停了

A：艾米，你的表几点了？我的表停了。

B：四点五十七分。我的表不太准，可能慢三分。

A：我该起床了。

B：贝拉，怎么起这么早？

A：安娜跟我约好了，坐六点半的火车去天津。

B：这么早有出租车吗？

A：没有出租车就坐公共汽车。对了，你知道375路头班车几点发车吗？

B：五点十分。上星期六我就是坐头班车去的火车站。到西直门换地铁很方便。

听后选择正确答案

（1）贝拉几点起床？

A. 四点五十七分　　B. 五点※

C. 五点十分　　D. 六点半

（2）去天津的火车几点发车？

A. 五点十分　　B. 五点半

C. 六点半※　　D. 七点半

（3）上星期艾米怎么去的火车站？

A. 坐出租车　　B. 坐地铁

C. 坐公共汽车　　D. 坐公共汽车和地铁※

(五)看电视

一天，我坐在电视机前看足球比赛。妻子来到我的旁边，看了一会儿，说："那么多人抢一个球，真没意思。为什么不多买几个球?"说完就走了。差一分钟比赛就要结束的时候，妻子又来到我旁边。听说比赛很快就要结束了，她一边鼓掌一边喊："加油，加油！快，快！"我很奇怪，问她："你为哪个队加油?"她说："我为时间加油。希望它过得快点儿！"

听后判别正误

(1) 妻子很喜欢看足球比赛。 (×)
(2) 差一分钟比赛就要结束的时候妻子又来看电视。 (√)
(3) 听说比赛就要结束了，妻子很高兴。 (√)
(4) 妻子一边为运动员鼓掌一边喊："加油，加油！快，快！" (×)

(六)贝拉的一天

星期日上午九点，贝拉准时来到杨文中家。她学了两个小时画画儿，十一点五分从杨老师家出来。听说北京烤鸭很有名，她想尝尝烤鸭，十一点四十来到全聚德烤鸭店。吃完烤鸭十二点半，她去琉璃厂买了几支毛笔和几本书。下午三点她来到北京饭店看了一个朋友。差五分六点她跟朋友一起去麦当劳吃汉堡包。

听后连线：几点钟贝拉在哪儿做什么?

9：00

11：05

11：40

12：30

15：00

17：55

图1

图2

图3

图4

图5

图6

第3课　明天天气怎么样？

学习目的

（一）听懂关于天气和季节的话题。

（二）微技能训练：提高辨别分析的能力、联想猜测的能力和概括总结的能力。

学习内容

（一）14个生词，精听课文5段，泛听课文4段。

（二）辨音辨调，听辨词语和句子。

一　听前练习

（一）语音练习

1. 听写音节

（1）fēnglì 风力 / fēnlí 分离

（2）gānzào 干燥 / gānzàng 肝脏

（3）kōngqì 空气 / kōngqián 空前

（4）juédìng 决定 / juéde 觉得

（5）hàomǎ 号码 / hǎo mǎ 好马

（6）bōsòng 播送 / bōsù 波速

（7）dìqū 地区 / dì qī 第七

（8）fēngxiàng 风向 / fèngxiàn 奉献

2. 学生朗读听写的音节

3. 辨别（在练习本上画出听到的音节）

风力　干燥　空气　觉得　号码　播送　第七　风向

（二）词语练习

1. 听句子挑出生词，教师讲解生词

（1）今天的风向是北风，风力二三级，不太大。

（2）老板约我今天下午跟他谈话。

（3）北京的天气比较干燥。

（4）昨天我骑车进城，去的时候顺风，回来的时候顶风。

（5）教室里的空气不太好,打开窗户吧。

（6）你们决定去哪儿旅行了吗？

（7）你的电话号码是多少？

（8）现在播送北京地区天气预报。

（9）这些苹果是刚摘的。

2. 朗读词组

（1）今天白天

晴	阴有小雨
阴	阴有中雨
晴转阴	阴有中到大雨
阴转晴	阴有大雨

（2）今天夜间

晴间多云	阴有小雪
多云间阴	阴有小雪转多云
多云转晴	阴有中到大雪
多云转阴	

（3）风向

北风	北转南	东北风
南风	南转北	东南风
东风		西北风
西风		西南风

（4）风力

二三级	二三级间四级
三四级	三四级间五级
四五级	四五级间六级
五六级	

（5）最高气温

二十摄氏度
三十二摄氏度
三十六摄氏度

（6）最低气温

零摄氏度
零下五摄氏度
零下十七摄氏度

（三）句子练习

1. 听 A 说的句子，从 B1、B2 两句中选择 B 应该说什么

（1）A：王才，今天天气真好。
B1. 可不是，咱们去公园玩儿吧。※
B2. 可不是，我还没做完作业。

（2）A：王才，今天天气真好。
B1. 是啊，秋天是最好的季节。※
B2. 是啊，秋天有很多水果。

（3）A：天气这么好，骑车真舒服。

B1. 要是冬天，骑车就不这么舒服了。※

B2. 天气这么好，坐车舒服。

（4）A：天气这么好，骑车真舒服。

B1. 我明天骑车去。

B2. 可不是，骑车还能锻炼身体。※

（5）A：一年四季我最喜欢夏天了。

B1. 为什么？※

B2. 为什么夏天很热？

（6）A：一年四季我最喜欢夏天了。

B1. 你喜欢热？※

B2. 你喜欢喝可口可乐？

2. 听北京地区天气预报，然后说出是春夏秋冬哪个季节

（1）今天夜间阴有小雪，南转北风一二级，最低气温零下五摄氏度。明天白天多云，北转南风二三级，最高气温三摄氏度。（冬季）

（2）今天白天晴转多云，风向北风，风力一二级，最高气温三十五摄氏度。今天夜间阴有小雨，风向北转南，风力一二级转三四级，最低气温二十三摄氏度。（夏季）

（3）今天白天晴，风向北风，风力三四级转五六级，最高气温十七摄氏度。今天夜间晴间多云，风向北风，风力五六级，最低气温九摄氏度。（春季/秋季）

二 听时练习

课文（一）

听前提示：注意天气和季节。

情景：在校园里，金汉成遇见王才，王才约他一起去香山。

金汉成：王才，今天天气真好。

王　才：是啊，秋天是最好的季节，不冷不热，也不常刮风。

金汉成：听说秋天的香山很漂亮，是吗？

王　才：明天是星期天，我想去香山看红叶，你去不去？

金汉成：去。明天天气怎么样？你听天气预报了吗？

王　才：听了。明天是晴天，风力一二级，最高气温 18 度。

金汉成：太好了！咱们怎么去？

王　才：天气这么好，骑车去吧。

金汉成：好，我再约上大内和艾米，行吗？

王　才：行，人多热闹。哎，大内不行，她不会骑车。

1. 听后选择正确答案

（1）现在是什么季节？

A. 春天　　　B. 秋天※

（2）今天星期几？

A. 星期六※　　　B. 星期天

（3）明天天气怎么样？

A. 晴天※　　　B. 阴天

（4）谁听天气预报了？

A. 金汉成　　　B. 王才※

(5) 他们怎么去香山？

A. 坐汽车　　　　B. 骑车※

(6) 谁不能去香山？

A. 艾米　　　　B. 大内※

2. 填空

天气、秋天、晴天、一二、18、天气、不行

课文(二)

听前提示：注意天气和季节。

情景：在去香山公园的路上，金汉成、王才和艾米一边骑车一边谈话。

金汉成：从这儿骑到香山得多长时间？

王　才：骑得快得四十多分钟，慢一点儿得一个多小时。

金汉成：天气这么好，骑车真舒服。

王　才：要是冬天，骑车就不这么舒服了。

艾　米：为什么？

王　才：冬天常常刮风，气温也比较低。

艾　米：夏天怎么样？

王　才：夏天比较热。

金汉成：一年四季我最喜欢夏天了。

王　才：你喜欢热？

金汉成：不是。

艾　米：他爸爸是做空调生意的。

王　才：是吗？这里的夏天比较热，可是常常下雨，下雨以后就凉快了。

艾　米：金老板，你还喜欢夏天吗？

金汉成：那也喜欢。我还喜欢春天。

王　才：春天很暖和，不过比较干燥，有时刮大风。

艾　米：那太遗憾了。看，我们到了。

1. 听后判别正误

(1) 从这儿骑车到香山得用一个小时四十分钟。 (×)

(2) 冬天常常刮风，气温比较低。 (√)

(3) 夏天比较热，可是常常下雨。 (√)

(4) 秋天很暖和，可是比较干燥，常常刮大风。 (×)

(5) 金汉成喜欢夏天是因为他爸爸做空调生意。 (√)

(6) 王才喜欢夏天，还喜欢春天。 (×)

2. 填空

四十、一个、冬天、夏天、凉快、春天

课文（三）

听前提示：注意课文中的数字和时间。

情景：他们进了香山公园以后就开始爬山。

王　才：艾米，累不累？

艾　米：有点儿累。香山有多高？

王　才：557米。我在这里参加过爬山比赛。

艾　米：怪不得你爬得这么快。

金汉成：你爬香山的最好成绩是多少？

王　才：28分54秒。

金汉成：那么快？

王　才：那天是顺风。

金汉成：今天是顶风，艾米，你用了多长时间？

艾　米：54分28秒。你呢？

金汉成：54分27秒。比你快一点儿。

1. 边听边记录课文中的数字和时间。

2. 听后判别正误

（1）香山有557米高。（√）

（2）艾米在香山参加过爬山比赛。（×）

（3）王才爬香山的最好成绩是28分45秒。（×）

（4）那天是顺风，所以王才爬得很快。（√）

（5）艾米今天爬上香山用了54分27秒。（×）

（6）金汉成比艾米快1秒。（√）

3. 填空

557米、28分54秒、28秒、27秒

课文（四）

听前提示：注意天气和季节。

情景：他们爬上山顶以后一边休息一边谈话。

金汉成：山上的空气真好，你们看，那边的红叶多好看！

艾　米：太漂亮了！在这儿照张相吧。

王　才：你们知道吗？冬天下雪的时候这里更好看。

金汉成：是吗？

王　才：可不是。山上山下到处都是白色，天晴了，来这里照相的人可多了。

金汉成：那时候我一定再来。

艾　米：今年冬天我不能来。

王　才：为什么？

艾　米：冬天我想去上海旅行。小王，上海的冬天怎么样？

王　才：上海的冬天气温不太低，可是房间里没有暖气，里边外边一样冷。

艾　米：是吗？我很怕冷。

王　才：不过宾馆里都有空调，没问题。

艾　米：那我就放心了。

1. 听后选择正确答案

(1) 山上的什么真好？

A. 空气※　　B. 红叶

(2) 那边的什么非常好看？

A. 红叶※　　B. 照片

(3) 什么时候这里更好看？

A. 冬天下雪的时候※　　B. 照相的时候

(4) 今年冬天艾米为什么不能来？

A. 要去上海旅行※　　B. 怕冷

(5) 上海的冬天冷不冷？

A. 外边比屋里冷　　B. 里边外边一样冷※

2. 填空

红叶、白色、上海、空调

课文（五）

听前提示：注意老大爷多大年纪。

情景：一位老大爷走过来，他们跟老大爷谈话。

金汉成：老大爷，您今年多大年纪了？爬到山顶累不累？

老大爷：不累。你猜我多大了。

金汉成：六十岁。

老大爷：不对。

艾　米：六十五岁。

老大爷：不对。

王　才：七十岁。

老大爷：也不对。明年八十岁。

金汉成：是吗？您身体真好，我们都想您只有六十多岁。

艾　米：您的脸色多好啊，真不像那么大年纪。

老大爷：以前我身体很不好，常常去医院。十年以前开始爬香山，每天早上都来这里。

艾　米：下雨下雪也来吗？

老大爷：一年四季都来。下雨下雪的时候，我慢慢地爬，也要爬到山顶。

王　才：真不容易。我们应该向老大爷学习。

1. 听后口头回答问题

老大爷今年多大年纪？

2. 填空

六十、六十五、七十、八十、六十、十、四季

三　听后练习

（一）再听一遍课文（一）和（二），看“春”、“夏”、“秋”、“冬”四幅画，然后介绍北京四季的天气

（二）再听一遍课文（三）、（四）、（五），然后介绍王才他们在香山的情况

四 泛听练习

（一）世界十大城市天气预报

现在请听世界十大城市天气预报：

北京	晴间多云	最高气温28摄氏度；
东京	晴	最高气温27摄氏度；
首尔	多云间晴	最高气温27摄氏度；
曼谷	多云间阴	最高气温32摄氏度；
悉尼	阴	最高气温12摄氏度；
伦敦	阴有小雨	最高气温26摄氏度；
巴黎	阴有中雨	最高气温25摄氏度；
莫斯科	阴有小雨转多云	最高气温18摄氏度；
法兰克福	多云	最高气温23摄氏度；
纽约	晴转多云	最高气温24摄氏度。

边听边填表（内容同以上天气预报）

（二）他们决定去哪个公园？

今天是星期日，艾米和金汉成想一起骑自行车去公园玩儿。金汉成想去南边的南山公园，艾米想去北边的北海公园。金汉成说："咱们先听听天气预报吧，听完以后再决定去什么地方。"艾米问："你知道天气预报的电话号码吗？""知道，121。"

“现在播送北京地区天气预报：今天白天，晴间多云，风向北转南，风力三四级，最高气温20摄氏度；今天夜间，多云转阴，风向南转北，风力三四级转一二级，最低气温12摄氏度。”

1. 听后选择正确答案

听完天气预报，他们可能决定去哪个公园？

A. 南山公园※　　B. 北海公园

2. 听后填表

时间	天气	风向	风力	气温
白天	晴间多云	北转南	三四级	最高20摄氏度
夜间	多云转阴	南转北	三四级转一二级	最低12摄氏度

(三) 今天谁请客？

今天，金汉成、山本正、大内和艾米去爬香山。他们比赛，看谁先爬到山顶。谁最后爬到山顶谁请客。他们的成绩是：金汉成30分25秒，山本正32分18秒，大内35分42秒，艾米35分6秒。

听后选择正确答案

今天谁请客？

A. 金汉成　　B. 山本正

C. 大内※　　D. 艾米

(四) 什么时候摘苹果最好？

有一天，老师对同学们说："一年有四季：春、夏、秋、冬。春天有很多漂亮的花儿；夏天天气很热，可以游泳；秋天树上有很多苹果；冬天天气很冷，可以滑冰。"说完他问一个孩子："小明，什么时候摘苹果最好？"小明说："下雨的时候最好。下雨的时候果园里没人，狗也不在果园里。"

听后选择正确答案

小明回答得对不对？应该回答什么？

A. 对。下雨的时候摘苹果最好。

B. 不对。秋天摘苹果最好。※

第4课　黄瓜多少钱一斤？

学习目的

（一）听懂在农贸市场买东西的话题。

（二）微技能训练：提高辨别分析的能力、边听边记的能力和联想猜测的能力。

学习内容

（一）17个生词，精听课文5段，泛听课文4段。

（二）辨音辨调，听辨句重音和语气语调。

一　听前练习

（一）语音练习

1. 听写音节

（1）	nóngmào 农贸 róngmào 容貌		（2）	huángguā 黄瓜 huánggōng 皇宫	
（3）	tǔdòu 土豆 tǔdì 土地		（4）	jīdàn 鸡蛋 jīdiàn 机电	
（5）	guìtái 柜台 guàicái 怪才		（6）	shízai 实在 shí zì 识字	
（7）	shìchǎng 市场 shìzhǎng 市长		（8）	jìxù 继续 jījù 积聚	

2. 辨别（在练习本上画出听到的音节）

农贸　皇宫　土地　鸡蛋　怪才　实在　市长　继续

（二）词语练习

1. 听句子挑出生词，教师讲解生词

(1) 农贸市场有卖菜的摊儿，也有卖水果的摊儿。

(2) 这黄瓜多嫩，来两斤黄瓜，三斤土豆。

(3) 西红柿炒鸡蛋这个菜又好吃又好做。

(4) 我喜欢喝雪碧，不喜欢喝可乐。

(5) 一块巧克力十七块，您这是五十，找您三十三块。

(6) 我这块进口表值三千块钱。

(7) 现在是北京时间九点整。

(8) 妈妈带着孩子去玩具柜台，给他买一只玩具小狗。

(9) 这钱是两半的，我们不收，请您粘好以后再用。

(10) 做人应该实在，不能说假话。

(11) 把品名写在这儿。

2. 听后模仿

这件衣服值多少钱？　　这件衣服值八百块。
这双鞋值多少钱？　　这双鞋值三百块。

请你把钱粘好。　　请你把两张纸粘在一起。
我把鞋粘上了。　　他把画儿粘在书上了。

小张是个实在的人。　　小张很实在。
做人应该实在。　　他说的是实在话。

(三) 句子练习

1. 听句子选择正确答案

(1) 一斤黄瓜两块四，两斤西红柿三块六，一共六块钱。

问：一斤西红柿多少钱?

A. 一块二　　B. 一块八※

C. 两块四　　D. 三块六

(2) 您这是一百块，找您五十四块七，请收好。

问：他买东西花了多少钱?

A. 一百块　　B. 五十四块七

C. 四十五块七　　D. 四十五块三※

(3) 这黑皮鞋颜色不太好，要是白的我就买了。

问：这句话告诉我们什么?

A. 他买了一双黑皮鞋　　B. 他买了一双白皮鞋

C. 他想买一双黑皮鞋　　D. 他想买一双白皮鞋※

(4) 我这苹果不卖三块五了，你给三块二怎么样? 要是你真想买我再便宜两毛。

问：花多少钱可以买到一斤苹果?

A. 三块※　　B. 三块二

C. 三块四　　D. 三块五

(5) 我花七块八买了两双袜子，我给售货员十块，她找我两块五。

问：售货员多找她多少钱?

A. 一毛　　B. 两毛

C. 三毛※　　D. 四毛

（6）A：请问，这些电视机、照相机、手机和手表都是进口的吗？

B：只有手机不是。

问：下面哪种是国产的？

A. 电视机　　B. 手机※

C. 照相机　　D. 手表

（7）明天上午我去友谊宾馆看一个朋友，中午去北京饭店吃饭。下午顺便去王府井逛逛商店，可能七点回学校。

问：明天下午三点的时候他可能在什么地方？

A. 学校　　B. 友谊宾馆

C. 王府井※　　D. 北京饭店

（8）这件衣服的颜色和样子都不错，大小也合适，只是不太干净。

问：他对这件衣服满意吗？

A. 特别满意　　B. 很满意

C. 有点儿不满意※　　D. 不知道

2. 听句子画出句重音

（1）你看这黄瓜多嫩，今天上午刚摘的。

（2）你看这西红柿多好，今天早上刚摘的。

（3）买五斤以上一块二一斤，五斤以下一块三。

（4）我买了好多苹果，别买西瓜了。

（5）我买了好多雪碧，别买可口可乐了。

（6）你卖不卖？不卖我们走了。

二　听时练习

课文(一)

听前提示：注意艾米和大内买什么，买了多少。

情景：周末丁兰教艾米和大内做中国菜。艾米和大内去农贸市场买东西。她们刚学完讨价还价，要去试试。

大内：黄瓜多少钱一斤？

小贩：两块五。

大内：太贵了。

小贩：你看这黄瓜多嫩，今天上午刚摘的。

艾米：两块行不行？

小贩：不行。两块四。

大内：要这几条。

小贩：一斤半。三块六。

艾米：三块五吧。土豆怎么卖？

小贩：两块五二斤。

大内：一块二吧。

小贩：你要多少？买五斤以上一块二一斤。

大内：我要一斤。

小贩：那不行。

艾米：要三斤行了吧？

小贩：正好三斤，三块六。一共七块二。

艾米：七块钱。下次还买你的。

小贩：行，你买东西真是个行家。

1. 听后口头回答问题

（1）艾米和大内买什么了？

（2）买了几斤黄瓜？花了多少钱？

（3）买了几斤土豆？花了多少钱？

（4）她们一共花了多少钱？

（5）要是不讨价还价，她们得花多少钱？

2. 填空

两块五、两块、两块四、三块六、两块五、一块二、一块二、三块六、七块二、七块

课文（二）

听前提示：注意艾米和大内买什么，买了多少。

情景：她们继续买东西，去另一个摊儿买西红柿和鸡蛋。

大内：艾米，你吃过西红柿炒鸡蛋吗？

艾米：吃过。我很喜欢吃。今天让丁兰教咱们做。

大内：走，去买西红柿和鸡蛋。

艾米：这儿的西红柿真多。这种怎么卖？

小贩：两块。

大内：那种呢？

小贩：一块八。

艾米：那种有点儿绿，买这种吧。

小贩：对，这种又红又大。要多少？

大内：来这四个大的。

小贩：三块一。你给三块吧。还买别的吗？

大内：鸡蛋哪儿卖？

小贩：那边。

艾米：大内，你去买鸡蛋，我买点儿水果。

1. 听后口头回答问题

(1) 艾米和大内买什么？

(2) 她们买的西红柿多少钱一斤？

(3) 她们买了几个？

(4) 花了多少钱？

(5) 她们买的西红柿怎么样？

(6) 她们为什么要买西红柿？

2. 填空

两块、一块八、四个、三块一

课文(三)

听前提示：注意价钱。

情景：艾米买完苹果，大内买完鸡蛋，她们又经过另一个水果摊儿。

小贩：小姐，来个西瓜吧。

大内：（念牌子）西瓜六斤以上的七毛一斤，六斤以下的八毛一斤。
艾米，这瓜不错，再买个西瓜吧。

艾米：我买了好多苹果，别买西瓜了。

大内：你买的苹果多少钱一斤？

艾米：五块钱三斤。

小贩：这种苹果我这儿五块四斤。

艾米：糟糕，我上当了。

小贩：小姐，下次来我这儿买吧。

大内：没关系。你买的苹果是真的“富士”，一定好吃。

艾米：还买别的吗？

大内：再去买点儿饮料。

1. 听后选择正确答案

(1) 这个水果摊儿的西瓜怎么卖？

A. 六斤以上的八毛一斤，六斤以下的七毛一斤※

B. 八斤以上的七毛一斤，八斤以下的六毛一斤

(2) 这个水果摊儿的苹果怎么卖？

A. 五块钱三斤　　B. 五块钱四斤※

(3) 艾米她们买西瓜了吗？

A. 买了　　B. 没买※

2. 填空

七毛、八毛、三斤、四斤、饮料

课文（四）

听前提示：注意买的东西和价钱。

情景：艾米和大内在食品店买饮料。

大　内：小姐，可口可乐多少钱一瓶？

售货员：六块。

大　内：雪碧呢？

售货员：一样。

大　内：一瓶可乐，一瓶雪碧。

售货员：十二块。

艾　米：再要两块巧克力。

售货员：要哪种？

艾　米：哪种的好？

售货员：这种是国产的，那种是进口的。两种都很好。

艾　米：一种要一块。

售货员：一共三十三块八。你这是五十块，找你十六块二。

1. 听后判别正误

(1) 雪碧六块钱一瓶。　（√）

(2) 一瓶可乐十二块。　（×）

(3) 艾米买了两块巧克力。　（√）

(4) 她买的巧克力都是进口的。　（×）

(5) 两块巧克力三十三块八。　（×）

(6) 艾米给售货员五十块，售货员找她十二块六。　（×）

2. 填空

六块、一样、十二块、三十三块八、五十块、十六块二

课文（五）

听前提示：注意讨价还价。

情景：艾米和大内买东西回来，经过学校门口，看见卖花儿的。

艾米：大内，你看这花儿多漂亮，买几枝给丁兰吧。

大内：这种好看，买这种。多少钱一枝？

小贩：一块二。要几枝？

大内：十二枝。能不能便宜点儿？

小贩：十四块。

艾米：十二块。

小贩：十三块吧。

大内：十二块。你卖不卖？不卖我们走了。

小贩：给你给你。你们真会砍价。

艾米：这是老师教的。

1. 听后选择正确答案

(1) 大内和艾米买了多少枝花儿？

A. 十二枝※　　B. 十三枝　　C. 十四枝

(2) 她们花了多少钱？

A. 十二块※　　B. 十三块　　C. 十四块

2. 填空

一块二、十二枝、十四块、十二块、十三块、十二块

三 听后练习

(一) 5段课文再听一遍，然后填表：他们每种东西买了多少？各花了多少钱？

品名	数量	钱数
黄瓜	一斤半	三块五
土豆	三斤	三块五
西红柿	四个	三块
可口可乐	一瓶	六块
雪碧	一瓶	六块
巧克力	两块	二十一块八
花儿	十二枝	十二块

（二）听后选择：哪些句子是讨价还价的时候说的话？

1. 你买什么？
2. 太贵了。※
3. 便宜点儿行不行？※
4. 你看这黄瓜多嫩！
5. 再便宜点儿怎么样？※
6. 还买别的吗？
7. 我多买点儿，两块一斤行不行？※
8. 能不能便宜点儿？※
9. 给你钱。
10. 你卖不卖？不卖我们走了。※

四　泛听练习

（一）方龙买鞋

方　龙：云天，我昨天去书店买书的时候，在书店门口看见一个卖鞋的，给你买了一双，李宁牌高级运动鞋。

方云天：我看看。爸，你上当了，这商标是假的。多少钱？

方　龙：一百块。

方云天：我看就值五十块，一百块可以买两双。

方　龙：是吗？买这种鞋的人挺多的。

方云天：真的李宁牌得二百多块一双。

听后选择正确答案

（1）方龙买一双鞋花了多少钱？

A. 五十块　　B. 一百块※　　C. 两百块

（2）方龙上当了吗？

A. 没上当，因为买这种鞋的人很多

B. 上当了，因为这商标是假的※

（二）逛商场买东西

昨天金汉成、山本、大内和艾米去逛商场。金汉成买了一辆自行车，他给售货员七百块，售货员找他二十五块；山本买了一个小录音笔，他给售货员一百五十块，售货员找他十一块；大内买了三双袜子，她给售货员五十块，售货员找她十二块五；艾米买了一支钢笔、四个本子，她给售货员三十块，售货员找她三毛二。

听后填表：每个人各买了什么？买了多少？花了多少钱？

名 字	品 名	数 量	钱 数
金汉成	自行车	一辆	六百七十五块
山本	录音笔	一个	一百三十九块
大内	袜子	三双	三十七块五
艾米	钢笔、本子	一支、四个	二十九块六毛八

（三）谁的表最准？

老李、大李和小李一起看电视。这时电视上的时间是八点整。老李看看表说：“我这块国产表真准，八天才差一分钟。”大李看看他的表说：“我这块进口表更准，九天只差七秒。”小李看看他的玩具表说：“我的表最准，从早上到晚上都是八点整。”

听后选择正确答案

(1) 谁的表最准?

A. 老李　　B. 大李※　　C. 小李

(2) 谁的表是玩具表?

A. 老李　　B. 大李　　C. 小李※

(四) 说假话

一个年轻人去商店买衣服，他挑了半天才挑了一件他喜欢的衣服。这件衣服的样子、颜色都很好，大小也合适。他问售货员："这件衣服多少钱?""八十九块。"他从钱包里拿出一百元交给售货员。售货员看了看笑着说："对不起，这钱我们不能收。""为什么不能收?"售货员说："这张钱是两半的，请您粘好再来买吧。"年轻人说："这钱是我刚才在那儿买东西的时候那个售货员找给我的。"他还指了指那边的收银台。售货员说："先生，做人应该实在，不能说假话。"年轻人生气地说："你没去问，怎么说我不实在? 怎么说我说假话?"

听后回答问题

为什么说这个年轻人"说假话"?

第5课　你哪儿不舒服？

学习目的

（一）听懂在医院看病的话题。

（二）微技能训练：提高辨别分析的能力、快速反应的能力和概括总结的能力。

学习内容

（一）15个生词，精听课文5段，泛听课文4段。

（二）辨音辨调，听辨词语和句子。

一　听前练习

（一）语音练习

1. 听写音节

（1）	yàofáng 药房 yàofāng 药方		（2）	nánshòu 难受 nán shì 难事	
（3）	wàikē 外科 wàiké 外壳		（4）	chángyán 肠炎 chányán 谗言	
（5）	jiàtiáo 假条 jiātíng 家庭		（6）	huà jià 划价 huàjiā 画家	
（7）	zhēnshí 真实 zhēn shì 真事		（8）	fā yán 发炎 fāyáng 发扬	

2. 辨别（在练习本上画出听到的音节）

药方　难受　外科　肠炎　假条　画家　真实　发扬

（二）词语练习

1. 听句子挑出生词，教师讲解生词

（1）你挂什么科？我挂内科。

（2）我现在牙疼，难受极了。

（3）脚破了应该挂外科。

（4）大夫开药方以后我去药房取药。

（5）老师，这是山本的假条，他今天感冒了。

（6）这种药水儿每次喝一格。

（7）大夫，在哪儿划价？

（8）这里是外科诊室。

（9）大内吃了不干净的东西，她得了肠炎。

（10）劳驾，附近有药店吗？

（11）这盒药吃完了，再买两盒。

（12）我听错了，以为大夫给你开了三种药。

2. 用本课的生词回答问题

（1）肠炎应该挂什么科？

（2）感冒应该挂什么科？

（3）脚破了应该挂什么科？

（4）头破了应该挂什么科？

（5）大夫开药方以后去哪儿取药？

（6）取药以前先做什么？

（7）划价以后做什么？

（8）要是有病不能来上课，应该给老师什么？

(9) 吃不干净的东西容易得什么病？

(10) 要是不去医院看病可以去哪儿买药？

3. 听后说出句子中的“两”是什么意思

(1) 这两天天气比较热，注意别发炎。(几)

(2) 小药片每天三次，每次两片。(二)

(3) 我只休息了两天病就全好了。(二)

(4) 这种药不错，明天再去买两盒。(几)

(5) 我去过两次上海。(二)

(6) 你去药店顺便帮我买两瓶咳嗽药水。(二)

(7) 今天下课以后我去书店买两本书。(几)

(8) 我给妈妈写了两封信，她也没回信。(二)

(9) 星期天我写了几封信，洗了两件衣服，时间很快就过去了。(几)

(10) 还有两天就考试了。(二)

(三) 句子练习

听后判别正误

(1) “我什么都不想吃。”意思是我很多东西都不想吃。 (×)

(2) “他脸色很不好。”意思是他长得不好看。 (×)

(3) “你嗓子很红。”意思是你的嗓子发炎了。 (√)

(4) “一说学习他就头疼。”意思是学习的时候他的头很疼。 (×)

(5) “你得打三天针，每天两针。”意思是你一共得打六针。 (√)

(6) “丸药饭前吃，药水和药片饭后吃，黄药片一天三次，白药片一天两次。”大夫一共给他开了三种药。 (×)

(7) “大药片每天三次，每次两片；小药片每天两次，每次一片。”他一天要吃八片药。 (√)

（8）“我记错了，我以为还有两丸药呢。”意思是他的药已经没有了。（√）

（9）“这种咳嗽药水儿真好喝。”意思是这种药水儿很容易喝。（×）

（10）“哎哟，哎哟！疼死了。”意思是他已经死了。（×）

（11）“我到处都找了，也没找着。”意思是我每个地方都找了，还是没找到。（√）

（12）“怎么不难受？”意思是他不难受。（×）

二　听时练习

课文（一）

听前提示：山本和大内在做什么？

情景：大内和山本去医院看病，他们在挂号处挂号。

大内：大夫，挂一个号。

大夫：挂什么科？

山本：什么科？我们也不知道。

大夫：你们哪儿不舒服？

大内：我肚子疼，难受极了。

大夫：你挂内科。

山本：我踢足球的时候，脚破了。

大夫：你挂外科。

大内：多少钱？

大夫：每人一块。内科在一层，外科在二层。

1. 听后口头回答问题

山本和大内在做什么？

2. 填空

科、肚子疼、内科、破、外科、一块、一、二

课文（二）

听前提示：山本怎么了？

情景：山本在外科诊室看病。

大夫：你怎么了？

山本：今天踢足球的时候，滑了一下，脚破了。

大夫：哪儿？我看看。

山本：哎哟，哎哟！疼死了。

大夫：我给你洗一洗，再上点儿药水儿。

山本：大夫，要紧吗？

大夫：比较厉害，得打一针，每天来上一次药。

山本：几天能好？下星期我们还有比赛呢。

大夫：三四天吧。不过你要特别注意，这几天天气比较热，不要发炎。

山本：谢谢大夫。

1. 听后口头回答问题

山本的脚是怎么破的？

2. 填空

上、打、上、三四、热、发炎

课文（三）

听前提示：大内怎么了？

情景：大内在内科诊室看病。

大夫：你脸色很不好，哪儿不舒服？

大内：肚子疼。

大夫：几天了？

大内：星期一开始的，两天了。

大夫：吃饭怎么样？

大内：我什么都不想吃。

大夫：大便正常吗？

大内：不正常，昨天一共六次。

大夫：你吃过什么不干净的东西吗？

大内：没有啊。对了，星期天晚上我吃了几个西红柿。

大夫：是不是没洗干净？你去化验一下大便吧。

大内：化验要很长时间吗？

大夫：一刻钟。化验室在那边。

1. 听后口头回答问题

大内生病的原因可能是什么？

2. 填空

脸色、两天、六、西红柿、一刻

课文（四）

听前提示：化验的结果。

情景：大内化验以后回到内科诊室。

大内：大夫，这是我的化验结果。我的病不要紧吧？

大夫：不要紧。你这是肠炎。吃点儿药吧。

大内：西药还是中药？

大夫：有西药也有中药。这是药方，去药房取药吧。

大内：药房在哪儿？

大夫：108 房间。回去以后好好休息，按时吃药。我给你开张假条，今天、明天别去上课了。

大内：好吧，谢谢您。

1. 听后口头回答问题

化验的结果怎么样？大夫让大内注意什么？

2. 填空

肠炎、药方、休息、吃药

课文（五）

听前提示：注意大内的药怎么吃。

情景：大内去药房划价、取药。

大内：大夫，我取药。

大夫：给我药方。一共九十八块两毛五，去那边交钱。

（过了一会儿）

大内：大夫，我交完钱了。

大夫：一共四种药：这是丸药，每天两次，每次一丸，饭前吃；这是药水儿，每天三次，每次一格；这是药片，大药片每天三次，每次两片，小药片每天两次，每次一片。这三种药饭后吃。记住了吗？

大内：没有，请您再说一遍。

大夫：丸药饭前吃，每天两次，每次一丸；药水儿每天三次，每次一格，饭后吃；大药片每天三次，每次两片；小药片每天两次，每次一片，也是饭后吃。

大内：谢谢您。

1. 听后口头回答问题

大内做什么？她的药怎么吃？

2. 填空

九十八块两毛五、四、两、一、三、一、三、两、两、一、两、一、三、一、三、两、两、一

三 听后练习

(一) 再听一遍课文(一)，然后快速回答问题

1. 大内怎么了？
2. 她挂什么科？
3. 山本怎么了？
4. 他挂什么科？
5. 挂号费是多少？
6. 内科在哪儿？
7. 外科在哪儿？

(二) 再听一遍课文(二)，然后听另一篇短文，说出短文与课文(二)的异同

山本看完病告诉大内他在外科诊室看病的情况：

大内，你知道吗？给我看病的是一个年轻的女大夫，长得很漂亮。我刚坐下，她就问我："你怎么了？"我告诉她今天踢足球的时候，滑了一下，脚破了。她给我洗了洗，又上了点儿药水儿，还给我打了一针，她打针一点儿也不疼。我问她几天能好，她说得一个星期。她还说这几天天气比较热，让我注意不要发炎。

（三）再听一遍课文（三）和课文（四），然后听另一篇短文，说出短文与课文（三）（四）的异同

大内告诉山本她在内科诊室看病的情况：

星期天晚上我吃了两条黄瓜，可能洗得不太干净，所以从星期一开始肚子疼。这两天我什么东西都不想吃，而且大便也不正常。今天我去医院看病。大夫说我得的是肠炎，他给我开了一些药，有中药，也有西药，还让我休息两天，明天和后天别去上课了。

（四）再听一遍课文（五），然后听另一篇短文，说出短文与课文（五）的异同

大内在药房取药的情况：

大内来到药房，先划价。她的药一共九十八块两毛五。交完钱，大夫给了她四种药。一种是丸药，每天两次，每次一丸，饭后吃。一种是药水儿，每天三次，每次一格，也是饭后吃。还有两种药片，白药片每天三次，每次两片；黄药片每天两次，每次一片。这两种药都是饭前吃。大内的听力很好，大夫说一遍，她就听懂了。

四 泛听练习

（一）你看见我的药了吗？

大内：艾米，你看见我的药了吗？

艾米：什么药？

大内：丸药。我到处都找了，也没找着。

艾米：刚才我看见一个空盒儿，把它扔了。

大内：对了，我记错了，我以为还有两丸呢。

艾米：那怎么办呢？

大内：我记住了药名，再去药店买两盒。

听后选择正确答案

（1）大内到处找什么？

A. 丸药※　　　　B. 空盒儿

（2）大内的药吃完了吗？

A. 吃完了※　　　　B. 没吃完

（3）大内为什么到处找她的药？

A. 她想把空盒儿扔了　　　　B. 她记错了，以为还有两丸※

（二）我愿意天天生病

在医院门口，小虎看见刚看完病的小明。小虎问小明："你看什么病？" "牙疼。""现在牙不疼了吧？" 小明说："不知道。因为它已经不在我嘴里了。" "牙疼的时候难受吗？""怎么不难受？有什么别有病。"

小虎说："我跟你不一样，我愿意天天生病。""为什么？" 小虎笑着说："我一生病，想吃什么爸爸就给我买什么。"

听后判别正误

（1）小虎刚看完病在医院门口遇见小明。　　（×）

（2）小明牙疼的时候难受极了。　　（√）

（3）现在小明的牙已经不疼了。　　（√）

（4）小虎愿意天天生病，因为生病的时候有很多好吃的。　　（√）

(三)怪不得你肚子不舒服

这几天贝拉咳嗽得很厉害。今天她去医院看病。大夫说她嗓子发炎了，还让她化验了血。看了化验结果以后，大夫告诉她，她的病是感冒，不要紧，吃点儿药就会好的。大夫给她开了一些药，有中药也有西药，还有一瓶咳嗽药水儿。

第二天，贝拉又去医院了。大夫问："你又怎么了？"贝拉说："您给我的咳嗽药水儿真好喝，喝完以后咳嗽好多了，可是肚子有点儿不舒服。""你怎么一天就喝完了一瓶药水儿？怪不得你肚子不舒服。"

听后选择正确答案

贝拉为什么肚子不舒服？

A. 她一天把一瓶药水都喝完了※　　B. 她感冒了

(四)你已经聪明一点儿了

一个病人对大夫说："大夫，你给我开些药，让我吃了以后能聪明一点儿。"大夫给他开了一些药。一个星期以后他又来到医院，大夫说："你再拿点儿药吧。每个星期来一次。"过了一个星期，这个病人来了，他很生气地对大夫说："我还是那样，一点儿也没聪明，你给我开的是假药吧？"大夫说："你已经聪明一点儿了。"

听后选择正确答案

大夫为什么说这个病人已经聪明一点儿了？

A. 他又来医院看病了　　B. 他知道自己吃了假药※

第 6 课　海运还是空运？

学习目的

（一）听懂在邮局的话题。

（二）微技能训练：提高辨别分析的能力、联想猜测的能力和概括总结的能力。

学习内容

（一）16 个生词，精听课文 5 段，泛听课文 4 段。

（二）辨音辨调，听辨词语和句子。

一　听前练习

（一）语音练习

1. 听写音节

（1）xìnxiāng 信箱 / xià xiāng 下乡

（2）xìnfēng 信封 / xìngfú 幸福

（3）xìntǒng 信筒 / xīntòng 心痛

（4）dānzi 单子 / dǎnzi 胆子

（5）diànbào 电报 / diàngào 电告

（6）dìzhǐ 地址 / dìzhì 地质

（7）xìngmíng 姓名 / xìngmìng 性命

（8）qíshí 其实 / jíshí 及时

2. 辨别（在练习本上画出听到的音节）

信箱　信封　心痛　胆子　电报　地质　性命　及时

（二）词语练习

听句子挑出生词，教师讲解生词

（1）请把你的信和明信片放在信箱里。

（2）那不是信箱，那是信筒。

（3）快件信封两毛一个。

（4）这单子是收据，请你收好。

（5）20 克以上是超重。

（6）EMS 汉语叫特快专递。

（7）请把住址和姓名写在这儿。

（8）你给谁发包裹？请写上他的姓名、地址。

（9）我的传真号码是 62016918。

（10）这是我的名片，请多多关照。

（11）他给你写回信了吗？

（12）他们说我的听力不错，其实我只学了两个月。

（三）句子练习

听句子，从下面 A、B 两句中选择恰当的下句

（1）小姐，我要往美国寄一封信，________

A. 要贴多少钱邮票？※　　B. 这些是纪念邮票。

（2）你的信超重了，________

A. 应该贴多少钱邮票？

B. 应该贴十三块四的邮票。※

（3）大门旁边有一个信筒，________

A. 信放在那里边就行了。※　　B. 信放在哪儿？

(4) 我想往广州寄一封信，＿＿＿＿＿＿＿＿

A. 哪种保险？ ※

B. 快件跟挂号一样保险。

(5) 你寄的这些都是新出的纪念邮票，＿＿＿＿＿＿＿＿

A. 我得贴八毛的邮票。

B. 看来你朋友很喜欢集邮。※

(6) 这些新的纪念邮票是给我父亲寄的，＿＿＿＿＿＿＿＿

A. 对不起，我说错了。

B. 他是一个集邮迷。※

(7) 我买一本《大学生》，＿＿＿＿＿＿＿＿

A. 这本杂志一定很有意思。※

B. 我看过中文报纸和杂志。

(8) 上星期我给上海的朋友寄去一封快件，＿＿＿＿＿＿＿＿

A. 我给上海的朋友打了一个电话。

B. 他现在还没收到。※

二　听时练习

课文(一)

1. 听前填空

情景：贝拉在邮局寄信和明信片。

贝　拉：小姐，我要往意大利寄一封信和一张明信片，要贴多少钱邮票？

营业员：明信片四块五。信我得称一下，你这封信超重了，应该贴十六块四的邮票。

贝　拉：我还要往上海寄一封信，多少钱？

营业员：国内的信外埠都是一块两毛。还有别的吗？

贝　拉：没有了。

营业员：一共二十二块一，给你邮票。

贝　拉：这些信都放到信箱里吗？

营业员：大门旁边有一个信筒，放在那里边就行了。

贝　拉：顺便问一下，往上海寄明信片贴几毛的邮票？

营业员：八毛。

2. 听第一遍后核对

邮票、超重、别的、里边

3. 听后判别正误

(1) 贝拉从意大利寄一封信和一张明信片。（×）

(2) 贝拉的信超重了。（√）

(3) 往上海寄信得贴八毛的邮票。（×）

(4) 贝拉寄了两封信和一张明信片，一共花了十四块七。（×）

(5) 贴好邮票以后把信放在信筒里就行了。（√）

(6) 信筒在大门外边。（×）

(7) 寄到上海的明信片贴六毛邮票。（×）

课文（二）

1. 听前填空

情景：金汉成在邮局寄信。

金汉成：我想往上海寄一封信，哪种保险？

营业员：挂号。

金汉成：挂号信是不是很快？

营业员：不快。得一个星期。

金汉成：太慢了，有没有快一点儿的？

营业员：你寄快件吧，它跟挂号信一样保险，三天就能到。

金汉成：好，我寄快件。多少钱？

营业员：你的信封不成，寄快件得用这种专门的信封，一个两块。

金汉成：我写好了。给你。

营业员：我称一下。

金汉成：超重了吗？

营业员：没有，二十二块。这张单子是收据，请收好。

2. 听第一遍后核对

挂号、一个、三天、超重

3. 听后口头回答问题

(1) 谁在哪儿做什么？

(2) 怎么寄信又快又保险？

(3) 往上海寄快件几天能到？

(4) 快件信封多少钱一个？

(5) 金汉成的信超重了吗？

(6) 金汉成寄信花了多少钱？

课文（三）

1. 听前填空

情景：贝拉在邮局寄包裹。

贝　拉：先生，我想寄点儿东西。

营业员：寄到哪儿？

贝　拉：意大利。

营业员：什么东西？请打开看看。

贝　拉：两本集邮册。

营业员：呵，这些都是新出的纪念邮票。看来你的朋友很喜欢集邮。

贝　拉：这是给我父亲寄的。他是一个集邮迷。

营业员：对不起，我说错了。来，用这些纸包装一下。你再填一下包裹单。

贝　拉：你看我写的行吗？

营业员：可以，要挂号吗？

贝　拉：要。

营业员：我称一下，一千六百克。海运还是空运？

贝　拉：空运。

营业员：一共二百五十一块八毛。这是收据，请收好。

贝　拉：谢谢。

2. 听第一遍后核对

东西、意大利、朋友、父亲、说错、空运

3. 听后判别正误

(1) 贝拉往意大利寄一个包裹，包裹里有两本集邮册。 (√)

(2) 集邮册里都是新出的纪念邮票。 (√)

(3) 贝拉的朋友是个集邮迷。 (×)

(4) 贝拉的包裹一千六百克。 (√)

(5) 贝拉的包裹用挂号空运，一共二百七十四块八毛。 (×)

课文(四)

1. 听前填空

情景：金汉成在邮局寄特快专递。

金汉成：小姐，这儿有 EMS 吗？

营业员：有，我们叫特快专递。你寄什么？

金汉成：我有一封信和一本杂志要寄到首尔。

营业员：给你这个信封和单子，先交十五块。

金汉成：你看我这样写行吗？

营业员：收信人的姓名和住址要写清楚。

金汉成：好。给你钱。

营业员：你的汉字写得不错，汉语也说得很好。

金汉成：是我们老师教得好。

营业员：你们老师听了一定很高兴。

2. 听第一遍后核对

特快专递、姓名、住址

3. 听后口头回答问题

(1)“EMS”汉语怎么说？

(2) 金汉成寄什么东西？寄到哪儿？

(3) 营业员告诉金汉成什么要写清楚？

(4) 金汉成的汉字写得怎么样？

(5) 营业员说他的汉语说得很好，金汉成回答什么？

(6) 他的老师要是听到了金汉成的回答一定怎么样？

课文(五)

1. 听前填空

情景：金汉成和贝拉一起来到报刊亭前。

金汉成：贝拉，你看过中国报纸和杂志吗？

贝　拉：没看过。

金汉成：我常常看，很有意思。我建议你也看看。

营业员：你们买点儿什么？

金汉成：有预告下周节目的《中国电视报》吗？

营业员：有，今天刚到的。这些都是新来的杂志。你们看看。

金汉成：我买这本《电影画报》。

贝　拉：我买什么呢？《大学生》，这本杂志一定很有意思。我买一本看看。

营业员：我建议你们买一份《北京晚报》，北京人很喜欢看的报。

贝　拉：好极了。

2. 听第一遍后核对

常常、新来、很有意思、好极了

3. 听第二遍，根据听到的内容把左边和右边相关的词语用直线连起来

《中国电视报》　　北京人很喜欢看

《电影画报》　　一定很有意思

《大学生》　　预告下周节目的

《北京晚报》　　新来的

三　听后练习

（一）听后判断哪些话是顾客（用 G 表示）说的、哪些话是营业员（用 Y 表示）说的

(1) 我往英国寄一封信和一个包裹。　（G）

(2) 你的信封写错了。　（Y）

(3) 你寄平信还是快件？　（Y）

(4) 收信人的地址和姓名写在这儿。　(Y)
(5) 我填包裹单，你帮我包装一下，行吗？　(G)
(6) 这些书空运还是海运？　(Y)
(7) 空运多少钱？海运多少钱？　(G)
(8)“EMS”汉语怎么说？　(G)
(9) 我要寄特快专递。　(G)
(10) 你的信超重了。得贴8块8的邮票。　(Y)
(11) 信箱在哪儿？　(G)
(12) 这样写对吗？　(G)
(13) 请打开看看。　(Y)
(14) 这是你的收据，请收好。　(Y)
(15) 这些都是新出的纪念邮票，你买哪种？　(Y)
(16) 这些都是新出的纪念邮票吗？　(G)

（二）用动词“寄”说短语，按座位轮，每人说一个，说不出来被淘汰。谁说得最多谁赢。

四　泛听练习

(一) 我们查一查

金汉成：小姐，上星期我给上海的朋友寄去了一封快件，到现在还没收到。

营业员：是吗？这不可能吧？

金汉成：为什么不可能？昨天我的女朋友从上海打来电话，问我为什么没给她写信。

营业员：你的收据呢？给我看看。

金汉成：在这儿呢。

营业员：这样吧，我们查一查。请告诉我你的电话。有了结果我马上给你打电话。

金汉成：麻烦你了。

听后判别正误

（1）金汉成的女朋友上星期给他寄去一封快件。　（×）

（2）金汉成的女朋友在上海。　（√）

（3）金汉成到现在还没收到女朋友的信。　（×）

（4）营业员说帮他查一查，有了结果马上告诉他。　（√）

(二)误会

21号晚上七点，艾米准时到了上海火车站。可是安娜没来接她。她很生气，坐出租汽车到了上海外国语大学留学生宿舍。那时候安娜正在看电视。艾米很生气地说："你为什么不去车站接我？"安娜也很生气，她说："你怎么现在才来？我以为你不来了。"安娜告诉艾米，她今天早上五点就起床了，六点半到了火车站。等到八点也没看见艾米，就回学校了。艾米说："我的火车是晚上七点到上海。"安娜说："你自己看看，你发的邮件是21日七点，当然是早上了。晚上七点要写十九点。"安娜又说："电话那么方便，在电话里一句话就能说清楚，你为什么不给我打个电话？"艾米说："我给你的宿舍打了四次电话，都说你不在。没办法，才给你发邮件。""给你一张名片。下次找我，要是电话打不通，可以打我的手机，这儿有我的手机号码。"艾米说："你早给我名片，就不会发生误会了。"

听后选择正确答案

（1）安娜去火车站接艾米了吗？

A. 去了※ B. 没去

（2）艾米的火车几点到上海？

A. 七点 B. 十九点※

（3）为什么会发生误会？

A. 艾米的邮件没写清楚※ B. 安娜没看懂邮件

（4）下面哪种方法最方便？

A. 写信 B. 打电话※ C. 发邮件 D. 发传真

（三）老张写信

老张在外国工作。他每个月给儿子写四封信，可是最多收到一封回信。后来老张想了一个办法，儿子在一个月里也给他寄了四封信。别人问老张："你以前说儿子不给你写信，这个月怎么给你寄了四封信？"老张说："我写了一封信，说给他寄了一千美元。"那个人说："啊，我明白了。儿子收到钱一定很高兴，他写信向你表示感谢。""不，"老张说："其实，我一美元也没给他寄。"

听后选择正确答案

老张的儿子为什么一个月给他写了四封信？

A. 感谢他爸爸给他寄钱

B. 他没收到钱，问他爸爸是怎么回事※

C. 对他爸爸表示关心

第7课　你们说话的机会多吗？

学习目的

（一）听懂关于学习的话题。

（二）微技能训练：提高辨别分析的能力、联想猜测的能力和概括总结的能力。

学习内容

（一）17个生词，精听课文5段，泛听课文4段。

（二）辨音辨调，听辨句重音，听辨词语和句子。

一　听前练习

（一）语音练习

1. 听写音节

（1）	biāozhǔn	标准	（2）	jīhuì	机会
	bǎozhǔn	保准		jíhuì	集会
（3）	zuìhòu	最后	（4）	zhènghǎo	正好
	zuìhǎo	最好		zhǐhǎo	只好
（5）	yángé	严格	（6）	zhèngquè	正确
	yánhé	言和		zhēngqǔ	争取
（7）	jīngyàn	经验	（8）	jiūzhèng	纠正
	jīngyán	精盐		jiǎozhèng	矫正

2. 听句子辨别句重音

(1) 几位老师对我们都很严格，特别是综合课老师。

(2) 在学完课文以后，老师还让我们说一段话。

(3) A班怎么样？听和说的训练一定很多吧？

(4) 现在我能用汉语说很长的句子了。

(5) 老师要求我们下课以后只能说汉语，不能说英语。

(6) 上课的时候，我们都得举手回答问题。

(7) 他们说得不错，可是很多同学汉字有问题。

(8) 你告诉他们记汉字要一边念一边写一边想一边造句。

(9) 艾米刚出去，你进去坐一会儿吧，她可能一会儿就回来。

(10) 请你告诉刘老师，明天我准时到他家。

（二）词语练习

1. 听句子挑出生词，教师讲解生词

(1) 你们一共有几门课？

(2) 请你们打开书，看第一段。

(3) 他说的句子语法正确，发音也很标准。

(4) 老师常常纠正我的发音。

(5) 我除了喜欢打球以外，还喜欢唱歌、跳舞、旅行什么的。

(6) 欧美班的同学汉字有问题，他们上课的时候常常查字典。

(7) 通过国际互联网络（Internet）可以了解最新信息。

(8) 今天晚上咱们去亚运村打保龄球吧。

(9) 愚公死了以后，他的儿子、孙子继续搬山。

(10) 愚公对智叟说："最后我们一定能把两座大山搬走。"

(11) 我想去办公室问方老师一个问题，正好在路上遇见了他。

2. 用本课生词快速口头回答问题

(1) 你们一共有几门课？
(2) 你们班谁的发音最标准？
(3) 上课的时候老师常常纠正你们的发音吗？
(4) 这个句子的语法正确不正确？
(5) 你们班有欧美同学吗？
(6) 你会不会打保龄球？
(7) 今天早上谁最后进的教室？
(8) 每天晚上你先做什么练习？最后做什么练习？
(9) 你买的皮鞋大不大？
(10) 小王迟到了吗？

(三) 句子练习

1. 听后完成句子

(1) 我们班的几位老师对我们都很严格，特别是听力课老师。
(2) 上课的时候老师让我们听写句子。
(3) 开始的时候很难，过了一段时间就不觉得难了。
(4) 我的发音错了，老师就纠正我。
(5) 白老师很忙，没有时间给我辅导，她给我介绍了一位有经验的辅导老师。
(6) 我们班的同学课上课下都不说外语，只说汉语。
(7) 欧美班的同学课上积极练习听和说，口语不错，可是汉字有问题。
(8) 日韩班的同学汉字没有问题，可是听和说不行。

2. 朗读以上完成后的句子

二　听时练习

课文（一）

听前提示：这段课文主要谈什么？

情景：在校园里，山本遇见三木，他们谈起 B 班的学习情况。

山本：三木，你在 B 班习惯吗？

三木：比较习惯。B 班对我很合适。

山本：你们都有什么课？

三木：听力、口语、阅读，还有综合课。

山本：你们的老师怎么样？

三木：几位老师对我们都很严格，特别是综合课老师。

山本：在课上你们说话的机会多吗？

三木：多。每门课都有说话的机会。口语课说话机会最多，老师让我们互相问问题，在学完课文以后还让我们说一段话。

山本：是吗？那是不是很难？

三木：开始的时候很难，过了一段时间就不觉得难了。

山本：怪不得你现在说汉语说得比以前好了。听力课怎么样？

三木：听力课特别有意思，听的机会很多，听后做很多练习，有说的练习、读的练习、写的练习，还有做动作的练习，我最喜欢听力课。

1. 听后口头回答问题

这段课文主要谈什么？

2. 听后选择正确答案

（1）三木的班哪个老师最严格？

A. 听力老师　　B. 口语老师

C. 阅读老师　　D. 综合课老师※

（2）哪门课上说话的机会最多？

A. 听力　　B. 口语※

C. 阅读　　D. 综合

（3）听力课上什么练习最多？

A. 听的练习※　　B. 说的练习

C. 读的练习　　D. 写的练习

（4）三木最喜欢哪门课？

A. 听力※　　B. 口语

C. 阅读　　D. 综合

（5）课文中哪门课没有说到？

A. 听力　　B. 口语

C. 阅读※　　D. 综合

（6）三木喜欢 B 班吗？

A. 很喜欢※　　B. 比较喜欢

C. 不太喜欢　　D. 很不喜欢

3. 填空

合适、综合课、怪不得、听力课

课文（二）

听前提示：这段课文主要谈什么？

情景：他们从 B 班谈到 A 班。

三木：山本，A班怎么样？听和说的训练一定很多吧？

山本：可不是，课上有很多机会练习口语，现在我能用汉语说很长的句子了。

三木：你进步得真快！你的发音很标准。

山本：哪儿啊！我的发音不行，老师常常纠正我。大内、艾米、金汉成，他们发音都比我好。

三木：你们老师对发音的要求很严吧？

山本：非常严格，特别是方老师，要求我们的语音、声调要完全正确。

三木：怪不得呢！

山本：我还有一个辅导老师，主要帮助我练习发音。

三木：你说的是不是那个又年轻又漂亮的白华老师？

山本：不是。我问过白老师，她非常忙，没有时间，她给我介绍了一位年纪大的老师，这位老师很有经验。

三木：我的发音不太好，也想请一位老师辅导。

山本：今天下午我有辅导，可以帮你问问，请她给咱们两个人辅导。

三木：那太好了。

1. 听后口头回答问题

这段课文主要谈什么？

2. 听后判别正误

（1）A班有很多听和说的练习。　（√）

（2）山本的口语进步很快。　（√）

（3）山本觉得自己的发音很标准。　（×）

（4）方老师对发音要求最严格。　（√）

（5）山本有一个专门辅导发音的老师。　（×）

（6）山本的辅导老师是白华介绍的。　（√）

(7) 三木想请一位老师辅导他的发音。 (√)

(8) 山本的辅导老师给山本和三木两个人辅导。 (×)

3. 填空

口语、方老师、发音、两个人

课文(三)

听前提示：这段课文主要谈什么？

情景：山本和三木讨论学习方法。

山本：三木，你觉得用什么方法学习汉语最好？

三木：在课上要多听多说，下课以后多跟中国人聊天儿。

山本：中国人说话很快，我常常听不懂。

三木：你可以多跟你们班的老师和同学说。

山本：对，我们班是个小联合国，课上课下大家都不说母语，只说汉语。你们班也是这样吗？

三木：也是这样。我们班只有我一个是日本人，老师要求我们下课以后只说汉语，不能说英语。对了，你常听录音吗？

山本：每天听，每天晚上都听一个小时，我觉得听录音对提高听力非常好。

三木：我也是。我还常常看电视，有时候看中国电影。

山本：还有别的方法吗？

三木：还可以进行念课文比赛、写汉字比赛、讲故事比赛、唱歌比赛什么的。

山本：对，这些都是学习汉语的好方法。

1. 听后口头回答问题

这段课文主要谈什么？

2. 听后判别正误

（1）三木觉得下课多听多说，多跟中国人聊天儿的学习方法最好。（×）

（2）山本说中国人说话很快，常常听不懂。意思是他不能常常跟中国人聊天儿。（√）

（3）三木告诉山本可以多跟中国老师和他们班的同学谈话。（√）

（4）三木的班是个小联合国，课上课下大家都说汉语不说母语。（×）

（5）山本的班只有他一个是日本人。别人都会说英语。（×）

（6）山本每天晚上听一个小时录音，他觉得听录音对提高听力非常好。（√）

（7）山本还常常看电视，有时候看中国电影。（×）

（8）进行念课文比赛、写汉字比赛、讲故事比赛、唱歌比赛也是学习汉语的好方法。（√）

3. 填空

听不懂、录音、写汉字

课文（四）

听前提示：这段课文主要谈什么？

情景：三木和山本正在谈话，方龙带小虎走了过来。他们谈起幼儿园的学习。

山本：我们班的方老师来了。你们认识吧？

三木：认识。方老师，您好！

方龙：你们好！小虎，快过来，叫叔叔。

小虎：叔叔好！

山本：他是您的孙子吧？

小虎：你们是我爷爷的学生吧？

三木：是啊。你几岁了？

小虎：六岁了。

山本：上学了吗？

小虎：还没呢。我在幼儿园大班。

山本：你们在幼儿园每天做什么？

小虎：学习。

三木：学习？学习什么？

小虎：我们有说话课、画画儿课、体育课，还有唱歌课、跳舞课。

三木：你们的课真有意思。我也去你们班行吗？每天都可以玩儿。

小虎：不是玩儿！老师对我们要求可严格了，上课的时候，我们都得举手回答问题。

三木：是吗？那我不去了。

1. 听后口头回答问题

这段课文主要谈什么？

2. 听后选择正确答案

（1）方龙认识三木吗？

A. 认识※　　B. 不认识

（2）三木是不是方老师的学生？

A. 是　　B. 不是※

（3）小虎在幼儿园不学什么？

A. 画画儿　　B. 唱歌　　C. 跳舞　　D. 说外语※

（4）小虎的老师严格吗？

A. 严格※　　B. 不严格

（5）小虎喜欢严格吗？

A. 喜欢　　B. 不喜欢※

（6）三木去小虎的班学习吗？

A. 去　　B. 不去※

3. 填空

认识、六岁、唱歌、严格

课文（五）

听前提示：谁和谁在哪儿谈什么？

情景：下课以后白老师和张老师在办公室谈汉字教学。

白老师：张老师，你们班的学生都是哪国人？

张老师：九个英国人，一个日本人。

白老师：他们上课的时候是不是说话很积极？

张老师：是的，他们练习听和说都很积极，口语不错，语法也问题不大，可是汉字不行。

白老师：欧美班的汉字都有问题。你应该加强汉字的练习。

张老师：有的学生上课的时候常常查字典，耽误不少时间。

白老师：那样不好，你应该要求他们课前预习，上课的时候不要查字典。

张老师：他们说记不住汉字，怎么办呢？

白老师：你告诉他们记汉字要一边念一边写，一边想一边造句，还要每天听写。

张老师：我可以去听听你的课吗？

白老师：欢迎，咱们互相学习，希望你多提意见。

1. 听后口头回答问题

谁和谁在哪儿谈什么？

2. 听后选择正确答案

（1）谁是三木班的老师？

A. 白老师　　　　B. 张老师※

（2）三木班的问题是什么？

A. 听力　　B. 说话

C. 语法　　D. 汉字※

（3）欧美班的汉字问题怎么解决？

A. 加强汉字练习※　　B. 课前预习

C. 互相学习　　D. 多提意见

（4）在课上怎么样加强汉字练习？

A. 预习　　B. 查字典

C. 每天听写※　　D. 多造句

（5）学生记不住汉字怎么办？

A. 多念　　B. 多写

C. 多想　　D. 教他们记汉字的方法※

（6）白老师欢迎张老师听课吗？

A. 欢迎※　　B. 不欢迎

3. 填空

日本、语法、听写

三　听后练习

（一）讨论题 1：听了以上五段课文，你了解了什么新的信息？

（二）讨论题 2：介绍一下你的学习方法。

四 泛听练习

(一) 明天去哪儿玩儿?

艾米：彼得，明天是星期六，咱们去哪儿玩儿?

彼得：我想再去一次长城，上次去的时候我没到长城最高的地方。

艾米：我不想去长城了。去长城太累。

彼得：那去北海怎么样? 北海公园是北京城里最漂亮的公园。

艾米：好主意。在那儿多照几张相，给我爸爸妈妈寄去。

彼得：从北海出来，下午还可以去故宫和景山。

艾米：晚上你想不想去亚运村打保龄球?

彼得：艾米，你不是喜欢游泳吗? 咱们去亚运村游泳，我给你照几张游泳的照片，好不好?

艾米：太好了。今天晚上我请客。

彼得：明天呢?

艾米：你呀。

彼得：行，我请你吃涮羊肉。

听后选择正确答案

(1) 明天上午彼得和艾米去哪儿?

A. 长城　　　　B. 北海※

(2) 明天晚上彼得和艾米去哪儿?

A. 去故宫和景山　　　　B. 去亚运村游泳※

(二) 愚公移山

愚公是一个九十多岁的老人。他家前边有两座大山，出来进去很不方便。一天，愚公叫来家里的人，跟他们商量:“咱们把这两座大山搬走吧。”大家都很同意。第二天，愚公和家里的人开始搬山。一个叫智叟的老人听说了这件事，马上到愚公那里去，对他说：“你多大年纪了？九十多岁的人能把山搬走吗？快回家去休息吧。”愚公笑了，他说：“这没关系。我死了以后我的儿子搬，儿子死了孙子搬。最后我们一定能把这两座山搬走。”

讨论：你觉得愚公和智叟谁聪明一些？

(三) 王欢去宿舍找艾米

王欢去学生宿舍找艾米。他在艾米的门口看见大内，说：“艾米在吗？”“她刚出去。你进去坐一会儿吧，她可能一会儿就回来。”“我不进去了。她去哪儿了？”“刚才贝拉在楼下叫她，她下楼去了。”王欢从楼上下来，正好看见艾米走过来。王欢说：“艾米，我给你带来一封挂号信，是从美国寄来的。还有一件事，你的辅导老师打来电话，问你明天能不能去他家辅导。”艾米接过信，说：“谢谢您给我送信来。请您告诉刘老师，明天我准时到他家。”

听后判别正误

(1) 王欢去宿舍找艾米的时候艾米刚出去。 (√)

(2) 王欢从楼上下来，正好看见艾米走过来。 (√)

(3) 王欢给艾米带来一封挂号信，还告诉艾米明天去辅导老师家。(×)

(4) 艾米的辅导老师姓牛。 (×)

(四) 什么是我、你、他？

一年级的学生第一天上课，老师教了三个字：我、你、他。老师说：“什么是我？我是你的老师。什么是你？你是我的学生。什么是他？他是你的同学。记住了吗？”小明说：“记住了。”

回到家，爸爸问："今天你们学了什么？"小明说："我们学了三个字：我、你、他。我是你的老师，你是我的学生，他是你的同学。"爸爸说："不对！我是你的爸爸，你是我的儿子，他是你的弟弟。记住了吗？"小明说："记住了。"

第二天，老师问他们昨天学的三个字。小明说："老师，你教的不对。我是你的爸爸，你是我的儿子，他是你的弟弟。"

听后填写答案

（1）在家里，小明是怎样回答爸爸的？

我是你的老师，你是我的学生，他是你的同学。

（2）在学校，小明是怎样回答老师的？

我是你的爸爸，你是我的儿子，他是你的弟弟。

第8课　你换多少？

学习目的

（一）听懂在银行换钱和在商店买东西的话题。

（二）微技能训练：提高辨别分析的能力、联想猜测的能力和快速反应的能力。

学习内容

（一）16个生词，精听课文5段，泛听课文5段。

（二）辨音辨调，听辨句重音，听辨词语和句子。

一　听前练习

（一）语音练习

1. 听写音节

（1）dǎsuàn 打算 / dǎ sǎn 打伞

（2）shàngshēng 上升 / shàngshēn 上身

（3）yùnqi 运气 / yǐnqǐ 引起

（4）yōuxiān 优先 / yǒuxiàn 有限

（5）hùzhào 护照 / hùzhù 互助

（6）xiāngzào 香皂 / xiāngzi 箱子

（7）qiángbì 墙壁 / qiāngbì 枪毙

（8）suǒyǒu 所有 / suǒyǐ 所以

2. 听句子辨别句重音

(1) 我想先换点儿钱买台洗衣机，晚上再做作业。

(2) 你等一会儿，我马上回来。

(3) 你看，今天日元和美元对人民币的比价都上升了。

(4) 小姐，这种洗衣机的质量怎么样？

(5) 这是中国的名牌产品。

(6) 我们是大商场，不讨价还价。

(7) 这件大小合适，可是颜色不太好。

(8) 那儿有试衣间。

（二）词语练习

1. 听句子挑出生词，教师讲解生词

(1) 我打算买一台"小天鹅"牌洗衣机。

(2) 今天美元的比价上升了不少。

(3) 咱们的运气挺好，不用排队。

(4) 请你先买，女士优先。

(5) 我看看你的护照。

(6) 这些香皂和牙膏是在超市买的。

(7) 请问，牛仔裤哪儿卖？

(8) 所有的同学都去看那个展览了，我没去看，很后悔。

(9) 那个人在银行里大声地说："脸朝墙壁，不许说话！"

2. 用本课的词语改句子

（三）句子练习

听句子，口头回答问题

(1) 他想换点儿钱买台洗衣机。问：他买什么？

(2) 他想换点儿钱买台电脑。问：他买什么？

(3) 今天日元对人民币的比价上升了。问：什么钱的比价上升了？

(4) 今天美元对人民币的比价上升了。问：什么钱的比价上升了？

(5) 今天日元和美元对人民币的比价跟昨天一样。问：日元和美元的比价上升了吗？

(6) 在这个商店买洗衣机可以送货。问：在这个商店买洗衣机可以送货吗？

(7) 山本请售货员帮他挑一台洗衣机。问：山本请售货员帮他做什么？

(8) 这件米黄色的丝绸衬衫真漂亮。问：什么颜色的衬衫真漂亮？

(9) 请问，试衣间在哪儿？问：他要去哪儿？

(10) 他买了一条苹果牌牛仔裤。问：他买了一条什么牌的牛仔裤？

二 听时练习

课文（一）

1. 听前填空并讨论

情景：山本打算去买东西，可是钱不够了。他想去银行换钱，遇见了艾米。

艾米：山本，你去哪儿？

山本：我去银行换钱，你呢？

艾米：我去图书馆了，刚做完作业。你作业做完了吗？

山本：还没有呢。我想先换点儿钱买台洗衣机。晚上再做作业。

艾米：对了，我得修理手机，我的人民币也不多了。

山本：跟我一起去吧。

艾米：你等一会儿，我马上回来。

山本：好吧，你快点儿。

2. 听课文核对答案

换钱、换点儿钱、人民币、回来

3. 听后选择正确答案

（1）山本去哪儿？

A. 银行※　　　　B. 图书馆

（2）艾米去哪儿了？

A. 银行　　　　B. 图书馆※

（3）艾米做完作业了吗？

A. 做完了※　　　　B. 没做完

（4）山本做完作业了吗？

A. 做完了　　　　B. 没做完※

（5）山本什么时候做作业？

A. 晚上做※　　　　B. 马上做

（6）山本换钱买什么？

A. 洗衣机※　　　　B. 手机

课文（二）

1. 听前填空并讨论

情景：山本和艾米来到银行。

山本：艾米，你看，今天日元和美元对人民币的比价都上升了。

艾米：可不是。上次我来，美元的比价是六百八十二块九毛五，今天是六百八十五块两毛四。

山本：日元也升了不少，升了两块三毛八。

艾米：今天的人还不多，不用排队。

山本：咱们的运气不错。艾米，你先来。

艾米：你先来吧。

山本：别客气，女士优先嘛。

2. 听课文核对答案

可不是、排队、别客气

3. 听后口头回答问题

山本为什么说他们的运气不错？

课文（三）

1. 听前填空并讨论

情景：艾米和山本在银行换钱。

艾　米：小姐，我要换钱。

营业员：你换多少？

艾　米：二百美元。

营业员：行。你的护照呢？

艾　米：给。

营业员：（给艾米单子）在这儿签字。

艾　米：（把单子还给营业员）给。

营业员：一共一千三百七十块五毛。请你数一下。下一位。

山　本：我也换钱。

营业员：你换多少？

山　本：十万日元。

（营业员接过钱，数过以后发现钱数不对）

营业员：这是十一万。你再数一下。

山　本：对不起，我数错了，谢谢您。

营业员：（给山本单子）在这儿签字。

山　本：（把单子还给营业员）给您。

营业员：这是你的钱，六千三百八十八块六毛，请数一下。

山　本：正好。谢谢。

2. 听课文核对答案

换钱、二百美元、一千三百七十块五毛、换钱、十万日元、数错、六千三百八十八块六毛

3. 听后口头回答问题

山本换了多少日元？艾米换了多少美元？

课文（四）

1. 听前填空并讨论

情景：换钱以后，艾米陪山本在商场买洗衣机。

山　本：艾米，你看这种绿色的怎么样？

艾　米：颜色很漂亮，不知道质量怎么样？

山　本：咱们问问售货员。……小姐，这种洗衣机质量怎么样？

售货员：很好。这是中国的名牌产品。

艾　米："小天鹅"牌，我在电视里看过。

售货员：这种洗衣机卖得很快，这是刚来的新产品。

山　本：2350元，能不能便宜点儿？

售货员：我们是大商场，不讨价还价。

山　本：可以送货吗？

售货员：可以，不过今天我们的车很忙，明天上午送怎么样？

山　本：明天上午我有课，下午吧。麻烦您帮我挑一台好吗？

售货员：好，没问题。

2. 听课文核对答案

质量、质量、名牌、讨价还价、下午

3. 听后口头回答问题

山本买的洗衣机什么牌子？什么颜色？多少钱？质量怎么样？

课文（五）

1. 听前填空并讨论

情景：山本买完洗衣机，他们去楼上买衣服。

山　本：咱们去修理手机吧。

艾　米：不忙。我先去买件衣服。

山　本：什么衣服？

艾　米：衬衫，我想买一件丝绸衬衫。

山　本：在楼上。（他们来到楼上）那边，你看，那些都是丝绸衬衫。

艾　米：这件我穿怎么样？

山　本：大小合适，可是颜色不太好。这件米黄色的样子很好，穿在你身上一定很漂亮。

艾　米：是吗？我试试。小姐，这种衣服可以试试吗？

售货员：可以。那儿有试衣间。

（艾米试完衣服回来）

艾　米：就买这件了。小姐，裤子哪儿卖？

售货员：前边，往左拐。

（艾米和山本来到卖裤子的专区）

山　本：你看，这是苹果牌牛仔裤。你喜欢吗？

艾　米：我穿牛仔裤不好看。去那边看看吧。

2. 听课文核对答案

修理手机、丝绸衬衫、颜色、样子、试试、买这件、那边

3. 听后口头回答问题

艾米买什么了？什么颜色的？她买牛仔裤了吗？

三　听后练习

（一）

1. 听短文

山本想买一台洗衣机，可是钱不够了，他去银行换钱，路上遇见艾米。艾米要修理手机，人民币也不多了，她和山本一起去银行。他们的运气不错。今天日元和美元对人民币的比价都上升了，而且换钱的人不多，不用排队。山本换十万日元，艾米换二百美元。他们填完单子，把护照和钱交给营业员，营业员发现山本的钱数不对，多了一万日元，让他再数一下。山本又数了一遍，真的多了一万，他非常感谢营业员。山本一共换了六千三百八十八块六毛人民币，艾米换了一千三百七十块五毛人民币。

2. 听后快速口头回答问题

（1）山本想买什么？

（2）艾米要修理什么？

(3) 今天他们的运气怎么样?

(4) 山本换了多少日元?

(5) 艾米换了多少美元?

(6) 他们填完单子把什么交给营业员?

(7) 营业员发现什么?

(8) 山本为什么感谢营业员?

(9) 山本换了多少人民币?

(10) 艾米换了多少人民币?

(二)

1. 听短文

山本和艾米换钱以后来到商场，他们先去买洗衣机。山本决定买一台绿色的“小天鹅”牌洗衣机。这种洗衣机是中国的名牌产品，质量很好，卖得很快。他请售货员帮他挑一台好的。售货员答应明天下午把洗衣机给山本送到学校。买完洗衣机，山本想陪艾米去修理录音机。艾米说先去买衣服。她买了一件米黄色的丝绸衬衫，颜色漂亮，大小也合适，她很满意。艾米还想买一条裤子，可是没合适的，所以没有买。

2. 听后快速口头回答问题

(1) 山本在商场买了什么?

(2) 山本买的洗衣机是什么牌子的? 什么颜色? 质量怎么样?

(3) 商场什么时候把洗衣机给山本送去?

(4) 艾米修理录音机了吗?

(5) 艾米买了什么? 什么颜色? 大小合适吗? 她满意不满意?

(6) 艾米买裤子了吗? 为什么?

四　泛听练习

(一)我不买洗发水

艾米：山本，你看，这是一个超市，咱们进去看看。

山本：好，得先去存包。

艾米：这儿的东西真多，也很便宜。

山本：你想买什么？

艾米：香皂和牙膏。在那边。

山本：这种洗发水不错，头发洗了以后会更黑。

艾米：我不买，我的头发是黄的，你买吧。

听后判别正误

(1)在超市买东西不能把包带进去。　(√)

(2)超市的东西很多，而且不贵。　(√)

(3)山本想买牙膏和香皂。　(×)

(4)艾米不买这种洗发水，因为她的头发是黄的。　(√)

(二)我就要这双

刘文明很喜欢踢足球。下星期有一场重要的足球比赛。今天一下课他就来到商店买足球鞋。买鞋的人很多，他等了一会儿，售货员走过来，问他穿多大号的，刘文明说："我也不知道。"第一次售货员给他拿了一双39号的，鞋太小，穿不进去。售货员给他换了一双41号的，刘文明试了试，有一点儿大。售货员又给他拿了一双40号的，他穿上去以后正合适。可是他不喜欢这双鞋的颜色。售货员让他等一会儿，就走到后边去了。过了一会儿，售货员拿出来一双黑色的足球鞋。刘文明一看，高兴地说："好，我就要这双。"

听后选择正确答案

（1）刘文明买的足球鞋多少号？

A. 39 号　　B. 40 号※　　C. 41 号

（2）刘文明买的足球鞋什么颜色？

A. 白色　　B. 黑色※

（三）换 钱

昨天，玛丽、安娜、约翰和小林去中国银行换钱。玛丽有美元，安娜有欧元，约翰有英镑，小林有日元。昨天美元和人民币的比价是665.77，欧元和人民币的比价是880.55，英镑和人民币的比价是1049.34，日元和人民币的比价是7.9540。玛丽换了500美元，安娜换了400欧元，约翰换了200英镑，小林换了10万日元。

听后填表：他们各换了多少人民币？

人名	比价	外币数	人民币数
玛丽	美元和人民币 100：665.77	500	3328.85
安娜	欧元和人民币100：880.55	400	3522.2
约翰	英镑和人民币100：1049.34	200	2098.68
小林	日元和人民币100：7.9540	100000	7954

（四）好货不便宜

丽丽去她的好朋友小张家玩儿。小张看见丽丽的裙子跟她的一样，说："你的裙子跟我的一样，280 块，对不对？"丽丽说："你受骗了，我这条只花了 50 块钱。"小张听了以后觉得自己上当了，非常后悔。过了两天，丽丽的裙子洗了一次，洗完就小了，不能穿了。她打电话问小张："你的裙子洗过了吗？小了没有?"小张告诉她洗过了，没小。这一次丽丽后悔了，她说："唉，便宜没好货。"小张高兴地说："好货不便宜呀!"

听后选择正确答案

(1) 谁买的裙子280块?

A. 小张※　　　　B. 丽丽

(2) 第一次谁后悔了?

A. 小张※　　　　B. 丽丽

(3) 谁买的裙子洗了一次就小了?

A. 小张　　　　B. 丽丽※

(4) 第二次谁后悔了?

A. 小张　　　　B. 丽丽※

(五) 脸朝墙壁，不许说话

爸爸带着两个儿子去银行取钱。一路上两个孩子吵着让爸爸给他们买东西。哥哥要吃巧克力，弟弟要去麦当劳；哥哥要买小汽车，弟弟要买小飞机。爸爸怕他们影响别人工作，走进银行以后突然大声对孩子喊："脸朝墙壁，不许说话!"一下子，银行里所有的人都脸向墙壁不敢说话了。

听后选择正确答案

爸爸为什么大声喊"脸朝墙壁，不许说话"?

A. 因为哥哥要吃巧克力和要买小汽车

B. 因为弟弟要去麦当劳和要买小飞机

C. 因为爸爸怕他们影响别人工作※

第9课　这是什么通知？

学习目的

（一）听懂通知和学会转告。

（二）微技能训练：提高辨别分析的能力、联想猜测的能力和概括总结的能力。

学习内容

（一）16个生词，精听课文5段，泛听课文4段。

（二）辨音辨调，听辨句重音，听辨词语和句子。

一　听前练习

（一）语音练习

1. 听写音节

（1）zhuǎngào 转告 / zhuàngǎo 撰稿

（2）rényuán 人员 / rényán 人言

（3）guǎngbō 广播 / guǎngbó 广博

（4）gēwǔ 歌舞 / gǔwǔ 鼓舞

（5）jiǎngjiě 讲解 / jiànjiě 见解

（6）jīngcǎi 精彩 / jìngcāi 竞猜

（7）cuòwù 错误 / tèwù 特务

（8）yìshù 艺术 / yīshù 医术

2. 听句子辨别句重音

（1）请大家坐好，别说话了。

（2）请大家自己带午饭。

（3）明天早上八点在教三楼前边上车。

（4）展览时间是每天上午八点到下午六点，地点在教四楼117教室。

（5）我去买票，买四十元一张的吧。

（6）他说你们公司的经理要来北京。

（7）我们经理是个中国通，他的汉语可好了。

（8）现在我们学完了第一本书，要考这本书的所有内容。

（二）词语练习

1. 听句子挑出生词，教师讲解生词

（1）请你转告办公室的工作人员明天早上七点上班。

（2）你了解故宫的历史和建筑特点吗？

（3）听，广播站正在播送重要通知。

（4）东方歌舞团要来我们学校演出精彩的歌舞。

（5）白老师病了，我替她给你们上课。

（6）这本书的所有内容他都复习了。

（7）今天的课很重要，老师讲解了我们练习中的错误。

（8）昨天上课的时候我们做了一个传口令的游戏。

（9）他的语速太快，我没听清楚。

（10）王老师在阶梯教室给同学们介绍京剧的艺术特点。

（11）已经七点四十了，我们赶快去教室吧。

2. 用本课生词完成句子

（三）句子练习

听句子，从 A、B 两句中选择恰当的下句

（1）我们速成学院的老师和同学明天去参观，________。

A. 上午参观故宫※

B. 下午游览景山和北海

（2）文化学院正在举办"外国留学生画展"，________。

A. 时间是 11 月 15 日到 30 日※

B. 希望大家准时上车

（3）听说东方歌舞团的演出非常精彩，________。

A. 请大家互相转告

B. 要是不看太遗憾了※

（4）王老师说办公室有你一封传真，________。

A. 电话是商店送货的人打来的

B. 是你们公司从日本发来的※

（5）我们经理是个中国通，他的汉语可好了。________。

A. 你应该好好上听力课，赶快提高听力

B. 要是他用汉语跟我谈话，我可能听不懂※

（6）阅读课考试的方法跟上次一样，________。

A. 先看一篇文章※

B. 然后回答问题

二 听时练习

课文（一）

听前提示：白老师说了几个通知？什么通知？

情景：下课铃响了，白华老师走进教室通知两件事情。

白　华：同学们先别走，请等一下儿，我有两个通知。

山　本：请大家坐好，别说话了。

白　华：第一个是速成学院办公室的通知：

　　我们速成学院的老师和同学明天去参观。上午参观故宫，请故宫的工作人员给我们介绍故宫的历史和建筑特点，一边参观一边听介绍。下午我们游览景山和北海。请大家自己带午饭。明天早上八点钟在教三楼前边上车，希望大家准时上车，不要迟到。记住了吗？

同学们：记住了。

白　华：第二个通知是文化学院现在正在举办“外国留学生画展”，时间是 11 月 15 日到 30 日，每天上午八点到下午六点。地点在教四楼 117 教室。欢迎同学们前去参观。

1. 听后口头回答问题

白老师说了几个通知？什么通知？

2. 根据听到的内容把左边和右边相关的词语用直线连起来

我们速成学院的老师和同学	外国留学生画展
上午参观	明天去参观
故宫的工作人员给我们介绍	故宫
下午我们游览	景山和北海
文化学院现在正在举办	故宫的历史和建筑特点

3. 填空

明天、上午、下午、八点、11 月 15 日、30 日、八点、六点、117

课文（二）

听前提示：注意听通知的内容。

情景：艾米和大内走在路上，听见学校广播站正在播送通知。

大内：艾米，你听，这是什么通知？

广播：同学们请注意，同学们请注意：

东方歌舞团今天晚上来我校礼堂演出精彩歌舞。七点半开演，五点钟在礼堂门前售票，票价 20 元、40 元、60 元。欢迎同学们前往观看，请大家互相转告。

艾米：你想看吗？

大内：想，可是我还没做作业呢。

艾米：看完再做。听说东方歌舞团的演出非常精彩。要是不看太遗憾了。

大内：好，听你的。

艾米：我去买票。

大内：买两张 20 元的吧。

艾米：不，买最好的。

1. 听后选择正确答案

（1）歌舞几点开演？

A. 五点钟　　B. 七点半※

（2）大内去不去看东方歌舞团的演出？

A. 去※　　B. 不去

（3）艾米要买多少钱一张的票？

A. 20 元　　B. 40 元　　C. 60 元※

2. 填空

七点半、五点钟、20、40、60、20 元

课文(三)

听前提示：注意两个电话的内容。

情景：山本不在，艾米替他接了两个电话。

艾米：山本，刚才你不在，有你两个电话。

山本：谁来的?

艾米：一个是商店送货的人打来的。他说他们现在在路上，可是汽车坏了，正在修理，可能还要等一个小时。怕你着急，所以给你打个电话。

山本：他们想得真周到。第二个是谁来的?

艾米：王欢老师。他说办公室有你一封传真，是你们公司从日本发来的。

山本：有没有什么要紧的事?

艾米：他说你们公司的经理要来北京。

山本：什么? 经理要来? 什么时候来?

艾米：王老师说让你赶快去拿传真，你看了就知道了。一听说你们经理要来你干吗这么紧张?

山本：我们经理是个中国通，他的汉语可好了。要是他用汉语跟我谈话，我可能听不懂。

艾米：所以你应该好好上听力课，赶快提高听力水平。

1. 听后口头回答问题

第一个电话的主要内容是什么?

第二个电话的主要内容是什么?

2. 填空

路上、一个、日本、经理、传真、中国通、听力水平

课文(四)

听前提示：注意大内转告山本的内容。

情景：星期五上午山本去机场接他的经理，没来上课，方龙让大内转告他一个通知。

大内：山本，方老师让我通知你，下星期一我们复习，不学新课了。

山本：不学新课了？那太好了。

大内：你先别高兴，他说下星期二有考试。

山本：又有考试？不是已经考过一次了吗？

大内：方老师说第一次是语音阶段的考试，现在学完了第一本书，要考这本书的所有内容。

山本：这么多内容，怎么复习？

大内：星期一我们先复习生词、课文和语法，然后老师讲解我们练习中的错误。他说这次考试的方法跟上次一样，有填空、改写句子、完成句子、造句，还有阅读，先看一篇文章，然后回答问题。他让我们明天、后天好好复习，有问题记下来，星期一上课的时候问他。对了，他还说上次考试我们班有的人成绩不太好，这次应该努力。

山本：我上次考得也不好，这次得好好准备。哎呀，糟糕！明天、后天我得在公司办公室陪经理，报告我的学习情况。

大内：那太好了，先让经理考考你。

1. 根据听到的内容把左边和右边相关的词语用直线连起来

星期五上午山本	复习，不学新课了
下星期一我们	讲解我们练习中的错误
星期一我们	去机场接他的经理
然后老师	得在公司办公室陪经理
这次考试的方法	先复习生词、课文和语法
上次考试我们班	有的人成绩不太好
明天、后天我	跟上次一样

2. 填空

考试、复习、讲解、一样、问

课文（五）

听前提示：传口令的要求是什么？老师的口令是什么？金汉成说什么？

情景：在听力课上，白华老师让同学们做传口令的游戏。

白　华：同学们，今天我们做一个游戏。我告诉第一个同学一句话，他再告诉第二个同学，第二个同学告诉第三个同学。声音要小，不要让别人听见，语速越快越好。谁说错了，我们让他唱一个歌，好不好？

同学们：好！

白　华：现在开始。（对大内）别在船上睡觉，快去床上睡觉。

大　内：别在船上睡觉，快去床上睡觉。

山　本：别在船上睡觉，快去床上睡觉。

艾　米：别在船上睡觉，快去床上睡觉。

彼　得：别在船上睡觉，快去床上睡觉。

贝　拉：别在床上睡觉，快去船上睡觉。

金汉成：别在床上睡觉，快去船上睡觉。

白　华：金汉成，贝拉告诉你什么？

金汉成：别在床上睡觉，快去船上睡觉。

白　华：贝拉，请你大声说一遍。

贝　拉：别在床上睡觉，快去船上睡觉。

彼　得：老师，她说错了，让她唱一个歌。

白　华：贝拉，你唱什么？

贝　拉：唱《世上只有妈妈好》吧。

白　华：好，大家欢迎！

（同学们鼓掌。贝拉唱歌）

1. 听后口头回答问题

传口令的要求是什么？老师的口令是什么？贝拉告诉金汉成什么？

2. 填空

一句、小、好

三　听后练习

（一）讨论：听通知的时候要注意什么？

（二）口头问答问题

（1）第一个课文中有几个通知？是什么内容？

（2）第二个课文中有几个通知？是什么内容？

（3）第三个课文中艾米转告山本几件事情？是什么事情？

（4）第四个课文中大内转告山本一个什么通知？

（三）做传口令的游戏

（1）只要汤，不要糖。

（2）告诉老胡，老虎来了。

四　泛听练习

（一）看通知

艾米：大内，你不是想学太极拳吗？

大内：是啊，怎么了？

艾米：刚才我在学校西门看见一个“太极拳学习班”的通知。

大内：什么内容？

艾米：从下星期一开始，每天早上学习，一共20天。

大内：早上几点？

艾米：好像是六点一刻到七点。

大内：这么早，我起不来。

艾米：我叫你。我也想学。

大内：那太好了。你知道报名的时间和地点吗？

艾米：呀，我忘了。咱们去西门看看。

听后判别正误

（1）大内不想学太极拳。（×）

（2）艾米在学校东门看见一个“太极拳学习班”的通知。（×）

（3）学习班从下星期一开始，每天早上六点一刻到七点，一共20天。（√）

（4）艾米忘了报名的时间和地点。（√）

(二) 我一定转告她

林芳：喂，是李芳家吗？

李峰：是啊。

林芳：她在吗？

李峰：不在。

林芳：你是李芳的哥哥李峰吧？我是林芳。

李峰：是你啊，你找小芳有什么事吗？

林芳：昨天李芳约我星期天去颐和园，我说要去医院看一个朋友，她今天出院了。

李峰：你的意思是星期天可以去了，是不是？

林芳：对，星期天早上七点半在颐和园门口见面。

李峰：好，我一定转告她。对了，哪个门口？

林芳：东门。你也跟我们一起去吧！

李峰：再说吧，要是有时间我就去。

听后选择正确答案

（1）谁给谁打电话？

A. 林芳给李芳打电话※

B. 林芳给李峰打电话

C. 李芳给林芳打电话

D. 李峰给林芳打电话

（2）林芳星期日做什么？

A. 去李芳家

B. 去医院看朋友

C. 去颐和园※

D. 给李芳打电话

(3) 星期日李峰去不去颐和园？

A. 去　　　　B. 不去※

(三) 三个通知

现在我说三个通知，请你们注意听时间、地点和内容。然后填表。

第一个通知：明天下午我们去参观景山中学，一点半出发，请大家提前10分钟在车库上车，千万不要迟到。第二个通知：星期四下午两点到四点在教三楼阶梯教室有京剧讲座，请王文教授介绍京剧的历史和艺术特点。欢迎大家积极参加。第三个通知：下个周末学院组织同学们去大同旅行，参加旅行的同学请在下星期二以前向班主任老师报名。

听后填表

1	参观时间	明天下午
	参观地点	景山中学
	出发时间	一点半
	上车时间	一点二十
	上车地点	车库
2	京剧讲座时间	星期四下午两点到四点
	京剧讲座地点	教三楼阶梯教室
3	旅行时间	下个周末
	旅行地点	大同
	报名时间	下星期二以前

(四) 老师吃了五碗面条儿

昨天上课的时候，老师让同学们做了一个练习。老师对第一个同学说一个句子，第一个同学转告第二个同学，第二个同学转告第三个同学。声音要小，不能让别人听见，说得越快越好。我们说得都很快，50 秒钟就转告完了。老师问最后一个同学："你听见了什么?" 那个同学回答:"老师吃了五碗面条儿。" 大家都笑了，问老师："您一个人能吃那么多面条儿?" 老师也笑了，他说："我的句子是：老师午饭吃的是面条儿。"

听后选择正确答案

老师说的句子是什么?

A. 老师午饭吃的是面条儿※

B. 老师吃了五碗面条儿

第 10 课　这次周末旅行你去吗？

学习目的

（一）听懂关于旅行的话题。

（二）微技能训练：提高辨别分析的能力、联想猜测的能力和快速反应的能力。

学习内容

（一）16 个生词，精听课文 5 段，泛听课文 4 段。

（二）辨音辨调，听辨句重音，听辨词语和句子。

一　听前练习

（一）语音练习

1. 听写音节

（1）shúxī 熟悉 / shūxǐ 梳洗

（2）xiūjiàn 修建 / shūjuàn 书卷

（3）zhōngyú 终于 / zhōngyǔ 中雨

（4）fóxiàng 佛像 / fēngxiàng 风向

（5）dǎoyóu 导游 / dǎoyǐn 导引

（6）bǎocún 保存 / biǎocéng 表层

（7）kěxiào 可笑 / kǔxiào 苦笑

（8）míngmíng 明明 / mìngmíng 命名

2. 辨别（在练习本上画出听到的音节）

熟悉　修建　中雨　佛像　导游　保存　苦笑　命名

（二）词语练习

1. 听句子挑出生词，教师讲解生词

(1) 我对颐和园非常熟悉，可以当你们的导游。

(2) 他喜欢吃冰淇淋，喝酸奶，不喜欢吃巧克力。

(3) 云冈石窟和悬空寺都是一千多年前修建的，保存到今天真不容易。

(4) 国庆节那天，我们请一个高级摄影师给我们全家照相。

(5) 那个大佛像的样子真可笑。

(6) 我来中国学习的愿望终于实现了。

(7) 海伦天天在外边逛，不来上课，她的学费白交了。

(8) 这条大街上明明有很多服装商店，你怎么没看见呢？

2. 用本课的生词快速口头回答问题

(1) 你对北京的情况熟悉不熟悉？

(2) 这个大楼是什么时候修建的？

(3) 中国的国庆节是哪天？

(4) 你去过云冈石窟吗？

(5) 那个佛像的样子可笑不可笑？

(6) 你喜欢吃冰淇淋吗？

(7) 你保存着小时候的照片没有？

(8) 你请谁给你照相？

(9) 你在哪儿买衣服？

(10) 那位导游小姐的介绍你听懂了吗？

（三）句子练习

1. 听句子口头回答问题

（1）我特别喜欢旅行，我来中国的一个目的就是游遍中国的山山水水，更好地了解中国。

问：她来中国的目的是什么？

（2）听说西安有很多名胜古迹，很值得去。

问：为什么说西安很值得去？

（3）我已经去过八次大同了，可以说，大同的名胜古迹到处都留下了我的足迹。

问：他去过几次大同？大同的名胜古迹留下了什么？

（4）真奇怪，这悬空寺是怎么修建的？

问：奇怪什么？

（5）让我这个高级导游介绍，你们怎么感谢我呀？

问：为什么感谢他？

（6）这么多大佛经过一千多年的风风雨雨，保存到今天，真不容易。

问：什么真不容易？

（7）在北京，我参观过很多地方，比如长城、故宫、颐和园、动物园，还有世界公园等等。

问：在北京他参观过哪些地方？

（8）我打算学习结束以后到中国各地去旅游，好玩儿的地方都去一去，好吃的东西都尝一尝。

问：她打算学习结束以后做什么？

2. 听句子判别正误

（1）“这次周末旅行我去不了。”意思是我不能去旅行。 （√）

(2)“这次旅行咱们班的同学都报名了，只有你不去，太遗憾了。”意思是咱们班的同学都去旅行。 (×)

(3)“您不是喜欢喝酸奶吗？”意思是您不喜欢喝酸奶。 (×)

(4)王欢说：“你想让我更胖，是不是？”从这句话我们知道王欢是个很胖的人。 (√)

(5)“大内上次来的时候悬空寺正在修理呢。”从这句话我们知道悬空寺曾经修理过。 (√)

(6)“金汉成说，还是出来学习比在教室里学习好。”意思是金汉成喜欢在教室里学习。 (×)

(7)“金汉成参观过世界公园，游览过长城、故宫、颐和园和动物园等等。”意思是他在北京去过很多地方。 (√)

(8)“上海的商店很多，有很多好吃的东西，还非常便宜。”从这句话我们知道说话的人很喜欢上海。 (√)

二 听时练习

课文(一)

听前提示：谁和谁在哪儿谈什么？

情景：山本和贝拉在宿舍谈周末旅行的事。

山本：这次周末旅行你去吗？

贝拉：去不了。我得去学画画儿。

山本：学画画儿？你跟谁学画画儿？

贝拉：一个很有名的画家，是方云天的哥哥给我介绍的。

山本：听说大同有很多名胜古迹，很值得去。

贝拉：你知道，我特别喜欢旅行，我来中国的一个目的就是游遍中国的山山水水，更好地了解中国。

山本：这次咱们班的同学都报名了，只有你不去，太遗憾了。你看大内，去年去过了，这次也报名了。

贝拉：是吗？那让我再想想。

山本：别想了。我建议你跟画画儿的老师请一次假。咱们全班在一起玩儿玩儿，照照相，多有意思啊！

贝拉：好，听你的。

1. 听后口头回答问题

(1) 谁和谁在哪儿谈什么?

(2) 这次周末旅行贝拉去不去?

2. 填空

去不了、大同、目的、去年、听你的

课文(二)

听前提示：王欢和同学们在火车上谈什么?

情景：在去大同的火车上，王欢和同学们高兴地谈着话。

金汉成：哟，外边下上雨了。下雨怎么玩儿啊？真糟糕！

艾　米：游览打着伞，旅行多浪漫！

王　欢：我听天气预报了，大同明天是晴天。

山　本：王老师，您常去大同吧?

王　欢：已经去过八次了，大同的名胜古迹到处都留下了我的足迹。

贝　拉：您对大同那么熟悉，得给我们好好儿介绍介绍。

王　欢：没问题。不过让我这个高级导游介绍，你们怎么感谢我呀?

贝　拉：我请您吃冰淇淋。

艾　米：您不是喜欢喝酸奶吗？我请您喝酸奶吧。

大　内：我有巧克力，请您吃巧克力吧。

王　欢：你们想让我更胖，是不是?

1. 听后口头回答问题

（1）大同明天的天气怎么样？

（2）王欢去过几次大同？

（3）王欢同意给他们当导游吗？

（4）王欢想吃巧克力吗？

2. 填空

晴天、八、怎么、更胖

课文（三）

听前提示：在悬空寺，王欢和同学们谈什么？

情景：在悬空寺，王欢和同学们一边游览，一边谈话。

王欢：你们看，那就是悬空寺。

艾米：哎呀，真奇怪！这悬空寺是怎么修建的？山本，快给我照张相。

山本：用我这个高级摄影师照相，你怎么感谢我呀？

艾米：也请你喝酸奶。

山本：你只有酸奶，没有别的了？

艾米：还有巧克力。快照吧。

山本：你站在那儿，往左边一点儿。对，笑一笑。

艾米：大内，你照不照？

大内：照。上次我来的时候，悬空寺正在修理呢，我特别遗憾，一直想再照一张。

王欢：今天你终于如愿以偿了。

大内：你说什么？什么是“如愿以偿”？

王欢：你又学了一个新词。“如愿以偿”的意思就是实现了自己的愿望。

1. 听后口头回答问题

(1) 在悬空寺，王欢和同学们一边游览一边谈什么？

(2)“如愿以偿”是什么意思？

2. 填空

那就是、照相、正在、愿望

课文(四)

听前提示：王欢给同学们介绍什么？

情景：他们继续在悬空寺游览。

大　内：我很想再来悬空寺，今天终于如愿以偿了。

王　欢：对，你学得很快。

金汉成：看来，出来学习比在教室里学习好。

贝　拉：你别跟我们回去了。天天在外边逛吧。

金汉成：那我的学费不是白交了吗？

艾　米：王老师，悬空寺有多少年的历史了？

王　欢：一千三百多年。经过这么多年的风风雨雨，它保存得这么好，很不容易。

山　本：是啊，经过这么多年的风风雨雨，它保存得这么好，真不容易。

大　内：我们昨天参观的云冈石窟，比这还早，有一千五百多年的历史了。

艾　米：石窟的一千多个大佛像经过这么多年的风风雨雨，保存到今天，真不容易。

王　欢：我发现你们很会学习，都很聪明。

1. 听后口头回答问题

(1) 悬空寺有多少年的历史了？云冈石窟呢？

(2) 王欢为什么说他们很会学习？

2. 填空

今天、出来、教室、白交、一千三百、一千五百、学习

课文（五）

听前提示：在回来的火车上，王欢和同学们谈什么？

情景：在回来的火车上，王欢和同学们聊天。

王　欢：来中国两个多月了，你们去过哪些地方了？

金汉成：在北京我去过很多地方，参观过世界公园，游览过长城和故宫，曾经在颐和园划过船，也曾经在动物园跟大熊猫照过相。

山　本：以前我去过上海、苏州和杭州。

艾　米：来北京以前我去过上海。

金汉成：听说上海的名胜古迹不太多，是不是？

艾　米：可是上海的商店很多，有很多好吃的东西，还非常便宜。

贝　拉：我打算学习结束以后到中国各地旅游，游遍中国的山山水水，好玩儿的地方都去一去，好吃的东西都吃一吃。

金汉成：贝拉小姐，你想当第二个马可·波罗吧？

贝　拉：应该说，第二个马可·波罗一定是贝拉小姐。

1. 听后口头回答问题

(1) 金汉成在北京参观过哪些地方？

(2) 上海的情况怎么样？

(3) 贝拉打算学习结束以后做什么？

2. 填空

世界、上海、便宜

三 听后练习

(一) 听短文

上个周末，我们班的同学和王老师去大同旅行了。我们刚上火车就下雨了。王老师说没关系，大同第二天是晴天。王老师去过八次大同，他对大同非常熟悉，我们请他当导游。我们先去参观云冈石窟，那里有一千多个大大小小的佛像。经过一千五百多年的风风雨雨，这些佛像保存得那么好，真不容易。第二天我们参观悬空寺。悬空寺是在山上修建的，我们在那儿照了很多相。去年大内来的时候，悬空寺正在修理，她一直想再来这里照相，这次终于如愿以偿了。

(二) 听后快速口头回答问题

(1) 上个周末同学们去哪儿旅行了?

(2) 大同的天气怎么样?

(3) 王老师对大同熟悉不熟悉? 为什么?

(4) 他们先参观什么地方?

(5) 云冈石窟有多少年的历史?

(6) 第二天他们参观什么地方?

(7) 他们在悬空寺做什么?

(8) 大内以前来过悬空寺吗?

(9) 她为什么一直想再来悬空寺?

(三) 听后说出这个短文跟课文(二)(三)(四)有什么不同

（四）复述这个短文

四 泛听练习

（一）去天津

大内：三木，前天、昨天我去找你，都不在，你去哪儿了？

三木：我去天津了，刚从火车站回来。

大内：你去天津了？天津怎么样？听说离北京不远，是吗？

三木：坐火车不到一个小时。天津也是一个大城市，我建议你也去那儿玩儿玩儿。

大内：值得去吗？

三木：很值得去。天津的水上公园、食品街、服装街都很有名。天津的东西也比北京便宜。

大内：下个月我得参加汉语水平考试，考试以后再去吧。

三木：去天津不用花很多时间，早上动身，晚上就可以回来。

听后判别正误

(1) 三木昨天去天津了。 （×）

(2) 三木是坐火车去的。 （√）

(3) 天津离北京不远，坐火车两个多小时就到了。 （×）

(4) 天津的水上公园、食品街、服装街都很有名。 （√）

(5) 大内下个月参加汉语水平考试。 （√）

(6) 去天津用不了多少时间，早上动身，晚上就可以到天津。 （×）

（二）这倒是个好主意

彼　得：下星期一是中国的国庆节，一共放七天假，咱们班的同学打算去西安旅行，你去不去？

金汉成：不行，我得回韩国。

彼　得：回韩国，有事吗？

金汉成：昨天我的女朋友打电话让我回去，她说有重要的事情跟我商量。

彼　得：是吗？西安有很多名胜古迹，来中国不去看看兵马俑，那太遗憾了。

金汉成：我早就想去西安，这次是个好机会，可是女朋友的事更重要。你说是不是？

彼　得：你说的也是。哎，你能不能让你的女朋友来中国，跟你一起去旅行？

金汉成：这倒是个好主意，我打电话问问她。对了，你知道去西安什么时候出发吗？

彼　得：星期五下午动身。

听后判别正误

(1) 国庆节放假同学们去西安旅行，他们星期五下午动身。　(√)

(2) 金汉成的女朋友打电话让他回韩国。　(√)

(3) 西安有很多名胜古迹。　(√)

(4) 金汉成想去西安旅行，可是他觉得女朋友的事更重要。　(√)

(5) 彼得建议金汉成让他的女朋友来中国，跟他一起去旅行。　(√)

(6) 金汉成觉得这是个好主意。　(√)

(三)"孩子"掉了

王玲去广州旅行的时候背着孩子逛商店。因为人多，很挤，把孩子的鞋子挤掉了一只。一位广州人看见了，就告诉她："'孩子'掉了，'孩子'掉了。"王玲觉得很奇怪："孩子明明在背上，怎么说孩子掉了呢？"她继续往前走，那位广州人以为她没听见，又喊了一声:“喂,你孩子的‘孩子’掉了!”王玲觉得很可笑:“我的孩子那么小,他哪儿有孩子?”那位广州人是个热心人,见王玲没理他,就捡起孩子的鞋子,追上王玲说:“给你孩子的‘孩子’。”这时,王玲才明白,那个人说的“孩子”原来是鞋子,广州话的孩子和鞋子发音一样。她赶快说:“谢谢,谢谢你!”

听后选择正确答案

这个故事告诉我们什么?

A. 王玲的孩子掉了

B. 王玲的孩子的鞋子掉了

C. 广州话的孩子和鞋子发音一样※

D. 那位广州人是个热心人

(四)还有时间游览吗?

老刘和妻子坐飞机去桂林旅行。到宾馆已经晚上九点多钟了。他们想,餐厅一定没有晚饭了。所以当服务员问他们吃不吃晚饭时,他们不太相信,以为服务员在开玩笑。老刘的妻子问:“现在餐厅还有晚饭?”服务员说:“有,十点以前都有。”“那么每天什么时间开饭?”老刘问。服务员告诉他,从早上六点到九点是早饭时间,上午十一点到下午两点是午饭时间,下午四点到晚上十点是晚饭时间。老刘的妻子听了说:“那么多吃饭的时间,咱们还有时间游览吗?”

听后选择正确答案

那么多吃饭的时间,他们还有时间游览吗?

A. 没有时间游览

B. 有时间游览※

聆听理解综合测试

第一部分

1. 男：我想不一会儿他准来。

女问：这句话是什么意思？

2. 男：我并不是不想去，实在是抽不出时间。

女问：下面哪种说法正确？

3. 男：为了替孩子买一个与邻居孩子一样的书包，当妈妈的整整在外面转了一天。

女问：下面哪种说法正确？

4. 男：他原定下午一点钟与记者见面，但直到两点半才来到饭店，可把记者气坏了。

女问：他耽误了记者多长时间？

5. 男：下火车的时候，一位旅客拿错了我的旅行包。

女问：这句话告诉我们什么？

6. 男：这次考试，就连我们班最好的学生成绩都不理想，更别说我了。

女问：关于这次考试的情况，我们可以知道什么？

7. 男：这个电影比我想象的要好。

女问：这句话告诉我们什么？

8. 男：这间屋子经过她一布置，完全变了样子，我简直认不出来了。

女问：这句话告诉我们什么？

9. 男：我在公园门口等了老半天，他也没来。我都想改变主意回去了。

女问：这句话告诉我们什么？

10. 男：最近，有一批大学生来到我们单位实习。

女问：大学生到他们单位做什么？

11. 男：这位同学，你借的书已经过期两个月了，按规定，得罚款。

女问：这是在什么地方？

12. 男：你现在改变主意还来得及，等上了火车就晚了。

女问：这句话告诉我们什么？

13. 男：这是你的药。大药片每天吃两次，每次吃一片；小药片每天吃三次，每次吃四片。

女问：大夫给了他几种药？

14. 男：我的房间朝北，冬天很冷，我想换到对面的房间去。

女问：他想换到朝哪个方向的房间去？

15. 男：今天白天晴，风向偏北，风力一二级，最高气温35℃，傍晚前后，局部地区有雷阵雨。

女问：这是哪个季节的天气情况？

第二部分

16. 女：我要的东西准备好了吗？

男：准备什么呀！我一个人要干三个人的活儿，哪儿忙得过来！

女问：男的是什么意思？

17. 女：你的脸色很不好，是不是病了？
男：这两天我吃不下饭，睡不好觉。你看，后天就考试了，可我只复习了三分之一。
女问：男的有什么问题？

18. 女：电影票买十排的可以吗？
男：再近点儿吧。我眼睛近视，看不清楚。
女问：男的对买电影票有什么看法？

19. 女：你知道吗？老张的儿子买了辆进口车，花了八十万。
男：好家伙！
女问：男的是什么口气？

20. 女：去乌鲁木齐玩儿，坐火车时间太长，坐飞机又太贵。
男：谁说不是呢。
女问：男的是什么意思？

21. 女：我一看见你，病就好了一半。
男：看见我？是看见我手里的好吃的东西吧。
女问：关于女的，我们可以知道什么情况？

22. 女：这件衣服样子不错嘛，就是颜色深了点儿。
男：你看我多大年纪了。你应该去看看我没敢买的那件，你那口子穿正合适。
女问：下面哪种说法正确？

23. 女：在北京，春天你可以游览长城；夏天去北海公园划划船；秋天去香山看红叶；冬天下雪的时候去圆明园照照相。
男：好，明天就去划船。
女问：男的明天可能去哪个地方？

24. 女：玛丽说她拿定主意了，要跟我们一起去。

男：要是早这样，这会儿我们都在南方玩儿了好几天了。

女问：他们的谈话告诉我们什么？

25. 女：怎么搞的？八点上班，你看，迟到了半个小时。你就不能早点儿出来吗？

男：早点儿？你不知道，我每天早上六点起床，收拾一下，早饭都来不及吃，六点一刻就跑出来了。

女问：今天男的从家到单位花了多长时间？

26. 女：今天你的脸色不好。

男：为了准备毕业考试，我昨天又开夜车了。

女问：男的脸色为什么不好？

27. 女：这次你就答应吧。

男：决不！

女问：男的答应了吗？

28. 女：这次你可真是帮了大忙了。

男：咱们俩谁跟谁呀！

女问：男的是什么意思？

29. 女：昨天我去友谊医院看望一个朋友，我还以为进了哪个公园呢！

男：你还别说，最近我也去过，是这么回事。

女问：男的对女的说的话有什么看法？

30. 女：夜里孩子发高烧，我几乎一夜没睡。

男：我说你今天怎么一点儿精神也没有呢！

女问：女的怎么了？

31.　女：小王，你知道这个字怎么念吗？

男：这个字我也拿不准。你去问问老张吧，他是活字典。

女问：从他们的谈话中我们可以知道什么？

32.　女：听说你弟弟在电视机厂工作，能不能帮我修一下电视机？

男：那还不简单？

女问：男的对修电视机这件事怎么看？

33.　女：听说你能写一手好字，哪天也给我写一张。

男：没说的。

女问：男的是什么意思？

34.　女：我走了。

男：下了班早点儿回来，广播里说今天傍晚前后有中到大雨。

女问：今天可能什么时候有雨？

35.　女：大冬天的，天气怎么跟春天似的。

男：可不是。

女问：男的是什么意思？

第三部分

36~38题是根据下面这段对话：

男：喂，请问李老师在家吗？

女：我就是啊。您哪位？

男：我叫山本正。白老师说您可以辅导我。

女：对，你一周想辅导几次？什么时候开始？

男：一周两次，每次两个小时，下周开始行吗？

女：好的。

男：周三、周五下午四点到六点可以吗？

女：除了周三下午，我哪天下午都可以。

男：那就改到周二、周四下午四点到六点。

女：行。还有我们辅导用什么书？在哪儿？

男：我上课用的书就可以。我的口语不太好，我想加强这方面的训练。我现在住的是单间，可以在我房间里辅导。

36. 问：山本的辅导老师是怎么找到的？
37. 问：李老师哪天下午有事？
38. 问：关于山本辅导用的书，我们可以知道什么？

39~41 题是根据下面这段话：

我们学校附近有一家四川风味的餐厅。我在这家餐厅已经吃过好几次了，这里的菜确实很有风味。

前天晚上，我请几个朋友又来到这里。我们要了八个菜，一个汤。服务员先给我们上了四个凉菜。我们开始喝酒了，朋友们举起酒杯对我说："祝你又长了一岁！"我忙说："谢谢！谢谢！"

过了一会儿，服务员端来了四个热菜，最后上的是汤。据说最后上汤，是中国人吃饭的习惯，这同我们美国人的习惯正好相反，我们吃饭先上汤。

39. 问：这个人可能在这家四川风味的餐厅吃过几次饭？
40. 问：按照中国人吃饭的习惯，最后应该上什么？
41. 问：这个人可能因为什么请朋友吃饭？

42~43 题是根据下面这段对话：

男：小佳，你们家大刚呢？

女：他呀，在床上躺着呢。那天雪下得那么大，我叫他别骑车，可他不听。这不，把腿摔坏了，连路都走不了了。

男：厉害吗？

女：骨头倒没事。医生说再歇一个星期就能下地了。

男：真遗憾！附近新开了一个冰场，我还想叫他一起去滑冰呢。

女：今年肯定滑不成了，他一看见冰呀雪呀的就害怕。

42. 问：大刚的腿是怎么摔坏的？

43. 问：大刚现在为什么不能去滑冰？

44~45 题是根据下面这段话：

人们对热的耐力究竟有多大？有人做过这样的实验：在相当干燥的空气中，健康的人在 50℃的高温中能待两个小时，70℃中待 15 分钟，100℃中待 3 分钟，150℃中待 1 分钟，而不受任何损害。

夏天大部分地区的最高气温出现在 7 月，常可达到 35℃以上，有时高达 40℃以上，这大大超过了人的体温。据测定，当气温在 35℃~39℃时，人就会感到特别热；而气温高于 40℃时，人就会觉得热到了极点。

44. 问：健康的人在多少度的高温中可以坚持 3 分钟？

45. 问：夏天大部分地区的最高气温达到多少度？

46~48 题是根据下面这段话：

女：看看照片，这姑娘多漂亮！不就是见个面吗？有什么不好意思的！

男：咳，哪儿跟哪儿啊。您看看您给我介绍的都是些什么姑娘。见面没聊三句话，就问：你身高多少？每个月工资多少？家里有几口人？有没有房子？怎么就不问问我的爱好是什么？工作怎么样？我跟她们没有共同语言，没法谈。

女：都是中国人，怎么会没有共同语言呢！我说大侄子，咱们门对门住了这么多年，我是看着你长大的。像你这样的小伙子，真是打着灯笼也难找。你放心，你的事，大妈我管定了，这个不行，我再帮你找。

男：多谢了，张大妈，我的事您就别管了。我就不信自己找不到合适的。

46. 问：小伙子以前谈恋爱为什么没成功？
47. 问：小伙子为什么不愿意和张大妈介绍的姑娘见面？
48. 问：张大妈可能是小伙子的什么人？

49~50 题是根据下面这段话：

天热出汗多，有人为了解渴，就大量地喝白开水或冷饮。其实这并不解渴，相反有害。出汗后大量喝水，会加重心脏和消化系统的负担。同时出汗更多，使盐分进一步损失，人不但会感到渴，而且会出现抽筋现象。正确的饮水方法是：每次要少喝，但可以多喝几次。在开水中加少许盐则更好。

49. 问：天热出汗多时，应该怎样喝水？
50. 问：出汗后大量喝水，有什么害处？

答案

第一部分

1. D	2. C	3. C	4. B	5. A
6. B	7. B	8. C	9. A	10. D
11. A	12. D	13. B	14. B	15. C

第二部分

16. C	17. B	18. B	19. A	20. D
21. A	22. B	23. D	24. A	25. C
26. C	27. D	28. B	29. A	30. C
31. D	32. A	33. B	34. D	35. C

第三部分

36. D	37. B	38. A	39. C	40. C
41. D	42. A	43. A	44. C	45. A
46. C	47. B	48. C	49. D	50. B